ERTRÄGE

Schriftenreihe der Bibliothek des Konservatismus

Band 4

ERTRÄGE

Schriftenreihe der Bibliothek des Konservatismus

Herausgegeben von der
Förderstiftung Konservative Bildung und Forschung

Band 4

Parviz Amoghli

Schaum der Zeit

Ernst Jüngers Waldgang *heute*

Mit einem Vorwort von Thor Kunkel

Förderstiftung Konservative Bildung und Forschung
Berlin

Satz: Oktavo, Syrgenstein
Gesetzt aus 10/14 Punkt Stempel Garamond
Gedruckt in Deutschland

Die Deutsche Bibliothek verzeichnet diese Publikation in der
Deutschen Nationalbibliographie; detaillierte bibliographische Angaben
sind im Internet über http://dnb.ddb.de abrufbar.

ISBN 978-3-9814310-5-6

Die Frage, wie man als Konservativer heute leben könne, wird immer wieder gestellt. Nicht wenige Antworten laufen auf die unbefriedigende Alternative hinaus, sich entweder in der Abgeschiedenheit eines eigenen Biotops wiederzufinden oder – trotz innerer Vorbehalte – in der totalvereinnahmenden Gesellschaft aufzugehen. Als Konservativer eine deutlich andere Haltung zu leben, als das gesellschaftliche Umfeld sie nahelegt, ist dagegen eine selten formulierte, geschweige denn gelebte Kunst.

Parviz Amoghli führt sie uns vor. Ausgehend von einem Vortrag über Ernst Jüngers *Waldgang*, den er im Februar 2016 in der Bibliothek des Konservatismus hielt, legt er den literarischen Text von 1951 und die gesellschaftliche Wirklichkeit von heute wechselseitig aus. Amoghli zeigt, daß der zeitgeschichtliche Hintergrund des *Waldgangs* dem heutigen nicht so unähnlich ist, wie es auf den ersten Blick scheint. Und er läßt, wichtiger noch, die Figur des »Waldgängers« als hilfreiche Grundhaltung kenntlich werden, mit der es sich als Konservativer auch heute leben läßt.

Thor Kunkel hat sich freundlicherweise bereit erklärt, dem Essay ein Vorwort zu geben. Dafür sei ihm an dieser Stelle herzlich Dank gesagt.

Meinem Kollegen Jonathan Danubio danke ich für seine wertvolle Unterstützung bei der Erstellung des vorliegenden Bandes.

Dr. Wolfgang Fenske
Bibliotheksleiter
Berlin, im Juni 2016

Inhalt

Vorwort

… denn mag die Welt Kopf stehen,
ein mutiges Herz hat seinen
eigenen Schwerpunkt.
Ernst Jünger[1]

Parviz Amoghlis Essay kommt zu einem Zeitpunkt, da sich ein neuer Totalitarismus in Deutschland breitgemacht hat. Mit wachsendem Unbehagen haben selbst die liberalsten unter uns inzwischen erkannt, daß die Totalitarismen von einst keineswegs untergegangen sind, sondern sich nur zeitgeistlichen Strömungen angepaßt haben.

Der von Carl Schmitt prophezeite »permanente Ausnahmezustand« wurde Mitte der 2010er Jahre im Zuge der Flüchtlingskrise bereits erfolgreich geprobt, der Kampf zwischen Lebenswirklichkeit und Gesinnung auf ganzer Linie geführt.

Genau an dieser Linie – im Hier und Jetzt eines »grauenvollen Chaos von Realitätszerfall und Wertverkehrung«[2] – setzt der vorliegende Text ein, um sich in einem virtuellen

---

1 Ernst Jünger: Der Kampf als inneres Erlebnis, in: ders.: *Sämtliche Werke*, Band 9, Essays I, Stuttgart 2015.
2 Gottfried Benn: Expressionismus, in: ders.: *Das Hauptwerk*, Bd. 2, Wiesbaden 1980, S. 127.

Austauschdiskurs mit Ernst Jünger dem Kernproblem an-
zunähern. Es ist verständlich, daß sich der 1971 geborene
Konservative Amoghli nicht auf Hannah Arendts vielzitier-
te und daher arg strapazierte Studie *Elemente und Ursprünge totaler Herrschaft*[3] bezieht, sondern auf Ernst Jüngers
Waldgang, den es für die jüngere Generation wiederzuent-
decken gilt. Den Autor treibt die Lust, sich in diesem Wald
selbst zu entdecken, selbst Waldgänger zu werden – ohne
allerdings Jüngers Denkpfaden in metaphysische Höhen zu
folgen; statt dessen zeigt er uns überraschend bodenständi-
ge Perspektiven, die sich auf die unmittelbare Gegenwart
und dringlich zu bewältigende Probleme beziehen.

In dieser Hinsicht ist Parviz Amoghli ein echter Moder-
ner, der am Puls der Zeit schreibt und den Übermoralismus
der vom »Lügenäther«[4] berauschten Links-Intellektuellen
scharf kritisiert. Er entlarvt das Destruktive des vermeintlich moralischen Fortschritts, vielleicht weil er – wie Jünger
zu seiner Zeit – befürchtet, zu den »letzten Menschen« gehören zu müssen: Wir, der in Selbsthaß schwelgende Westen, sägen womöglich den Ast ab, auf dem wir sitzen, wer
weiß? Die infantile Verleugnung des Eigenen und ein pa-
thologischer Vermischungszwang mit dem Fremden sind
Ursache des giftigen Schaums, den der Autor an der deutschen Eiche ausgemacht hat. Noch frohlocken freilich die
Profiteure des multitribalen Chaos auf der Regierungsbank
und in den Redaktionsstuben. Der vorherrschende Oppor-
tunismus und die damit verbundene Feigheit haben den To-

---

3 Hannah Arendt: *Elemente und Ursprünge totaler Herrschaft*,
  München 1986.
4 Peter Sloterdijk, in: *Cicero*, 28. 1. 2016.

talitarismus, den Amoghli als stets fortschreitende Transgression »weg vom natürlichen Zustand des Menschen« empfindet, erst möglich gemacht. Doch das selige »Hüpfen der Lämmer auf den Weiden« – wie Ernst von Salomon das moralliberale Treiben einst nannte –, es könnte schon bald im Schlachthaus eines Bürgerkriegs enden. Die Zeiten sind ernster geworden, finaler, der Autor ist sich dessen durchaus bewußt: »Daran zu erinnern ist um so notwendiger angesichts der verbreiteten Humanitätsschauspielereien, in denen leviathanischerseits die Ertrunkenen mit der richtigen Hautfarbe und Herkunft betrauert, die Versklavten, Gemarterten und Geköpften mit der falschen Religion aber beschwiegen werden.«

Je tiefer wir Amoghli in Jüngers Wald folgen, um so deutlicher wird auch, daß der Autor hier bereits geheime Pfade angelegt hat, die in eine kybernetische Form der Vegetation führen – die Rede ist natürlich vom Netz – und all jene anlocken dürften, die die moderne technisch-industrielle Welt zwar als verfehltes Orientierungsmuster begreifen, doch in ihrer »ungeheure[n] Entfaltung von technischen Energien«[5] die Chance sehen, sich Geschichts- und Zukunftsgewißheit zu verschaffen. Oder wie Amoghli unprätentiös festgestellt hat: »Eine der größten Herausforderungen, vor die sich der Waldgänger gestellt sieht, besteht darin, sich gleichzeitig im Wald wie auch im Hochgeschwindigkeitszug des zivilisatorischen Prozesses aufzuhalten. Selbst wenn das bedeutet, gerade-

---

5 Ernst Jünger: Feuer und Bewegung, in: ders. *Blätter und Steine*, Hamburg 1934, S. 93.

wegs mit in die Katastrophe zu steuern, kann und will er nicht völlig aussteigen.«

Amoghlis fulminantes Essay hält mit jeder Zeile, was der Autor verspricht. Im Unterschied zu anderen konservativen Denkern sieht er die Abdankung Deutschlands eben nicht als beschlossene Sache. Ganz im Gegenteil – sein Essay ist die Schrift eines Partisanen, der hier auf fast altspartanische Art und Weise, in »verdammter Pflicht und Schuldigkeit«, zum intellektuellen Widerstand ruft.

Thor Kunkel
Ascona, Monte Verità, im April 2016

Einleitung

Als *Der Waldgang* 1951 erschien, waren die Spuren nationalsozialistischer Gewaltherrschaft und Vernichtungspolitik noch allgegenwärtig. Sechs Jahre nach dem Ende des Zweiten Weltkrieges lagen Europa und Deutschland darnieder, war der Kontinent geteilt, die Völker ausgeblutet, zerrissen, vertrieben, wenn nicht gar vernichtet; Städte und Gesellschaften waren zerstört, Familien ausgelöscht, Heimaten verloren und »Immer noch liegt der Dunst der Schinderhütten in der Luft«.[1]

Das ist lange her. Seitdem hat sich das Antlitz der Welt grundlegend verändert. Inzwischen steht nicht nur Europa oder der Westen, sondern die gesamte Menschheit am Beginn einer zivilisatorischen Umwälzung, wie sie ansonsten nur die Entwicklung der Sprache und der Schrift sowie die Erfindung des Buchdrucks zeitigten. Obwohl noch keine zwanzig Jahre vergangen, hat die digitale Revolution bereits heute das Leben eines jeden Einzelnen so weit durchdrungen, daß eine physische Existenz ohne virtuelle Ablegerin kaum mehr möglich scheint. Und das ist erst der Anfang. Tiefe und Tragweite der kommenden Veränderungen lassen sich noch nicht einmal vorstellen. Die Verhältnisse haben sich inzwischen umgekehrt, die Fiction ist nur mehr flatterndes Anhängsel am Ende einer rasenden Science.

---

1 Ernst Jünger: *Der Waldgang*, Stuttgart 2014, S. 38.

Angesichts dessen stellt sich natürlich die Frage, was einem da ein Buch sagen soll – selbst wenn es sich um den *Waldgang* handelt –, das, vor einem Rentenalter geschrieben, die Erfahrungen aus den davorliegenden zwei Jahrzehnten Krieg und Gewaltherrschaft reflektiert sowie eine Analyse der damaligen Politik beziehungsweise der zivilisatorischen Entwicklung sechs Jahre nach dem Zusammenbruch darstellt?

Gewiß, mag man denken, der Text ist ja in mehrfacher Hinsicht überaus interessant. So bekommt beispielsweise jene Figur, die Jünger stets die liebste war, nämlich die des radikalen Einzelgängers und Außenseiters, mit dem Waldgänger einen Namen. Außerdem wird mit dem Waldgänger die dritte wichtige »Gestalt« der Moderne in die Literatur eingeführt, der es im Anschluß an den Opfergang des Unbekannten Soldaten und das Weltherrschaftsstreben des Arbeiters nun um die Erlangung und Verteidigung seiner individuellen Freiheit geht.

Zudem läßt sich am *Waldgang* der tiefe Bewußtseinswandel ersehen, den Jünger seit seinem Text *Die totale Mobilmachung* von 1930 durchlaufen hat. In den zwei Dekaden, die zwischen den beiden Essays liegen, hat Jünger das Nichts geschaut, hat er erfahren, was die absolute »Erfassung der potentiellen Energie, die die kriegführenden Industriestaaten in vulkanische Schmiedewerkstätten verwandelt«,[2] bedeutet. Weil aber ein Irrtum erst dann zum Fehler wird, wenn man darin verbleibt, entwirft Jünger mit dem *Wald-*

---

2 Ernst Jünger: Die totale Mobilmachung, in: ders.: *Sämtliche Werke*, Band 9, Essays I, Stuttgart 2015, S. 126.

gang das Konzept von der totalen Verweigerung. Und dies in einer Sprache, die als weiteres Indiz seines Wandels weit weniger apodiktisch daherkommt, als das in seinen früheren Werken der Fall war.

Und schließlich kann die Schrift noch als mentalitätsgeschichtlich wertvolles Dokument gelesen werden, da Jünger mit seinen Gedanken nicht alleine war. Skepsis und Fundamentalopposition gegenüber den Mächten und Mächtigen war eine weitverbreitete Haltung unter den Intellektuellen der frühen 1950er Jahre. Sein Gang in den Wald erweitert das Spektrum an diesbezüglichen Ansichten um die Überlegungen eines profunden Kenners der inneren Emigration.

Es gibt also viele gute Gründe für die Lektüre des *Waldganges*. Jedoch bleibt die Frage, ob sich das Essay auch zur Betrachtung der heutigen Zustände eignet? Ist es dafür nicht zu sehr aus der Zeit gefallen, zumal am Beginn der digitalen Revolution?

Bestärkt wird dieser Eindruck durch den Duktus des Autors, der, wie nicht anders zu erwarten, regelmäßig ins Magische, Metaphysische abgleitet. Da ist die Rede von Urkräften, von höheren und ewigen Mächten, mit denen der Waldgänger im Bunde steht, von überzeitlichen Zusammenhängen, vom verdichteten Sein und dem Selbst, dem es zu begegnen gilt, dem Menschen »in seiner unaufgeteilten und unzerstörbaren Substanz«.[3] Denn: »Wer einmal das Sein berührte, überschritt die Säume, an denen Worte, Begriffe, Schulen, Konfessionen noch wichtig sind. Doch lernte er, das zu ehren, was sie belebt.« Und weiter: »Es ist [...] in je-

---

3 *Der Waldgang*, S. 52.

dem Einzelnen verborgen und ihm in Schlüsseln überliefert, damit er sich selbst begreife, in seiner tiefsten und überindividuellen Macht. Darauf zielt jede Lehre, die dieses Namens würdig ist. Mag die Materie sich auch zu Wänden verdichtet haben, die jede Aussicht zu nehmen scheinen, so ist doch der Überfluß ganz nahe, da er im Menschen als Pfund, als überzeitliches Erbteil lebt.«[4]

Um dies zu entdecken, befragt der Waldgänger Märchen, Mythen und Sagen, heilige Bücher, zeitenüberdauernde Kunstwerke und ebensolche Musiken. Auf der Suche nach dem Göttlichen, nach dem, was den Einzelnen von der simplen Zoologie abhebt, begibt er sich immer weiter in Richtung Ursprung; über die Menschheitsgeschichte hinaus, führt sein Weg ins Unkonkrete, Ungebahnte und Unsagbare; bis heran an den Tod und durch ihn hindurch. Weil kein Wissen vom Überzeitlichen möglich ist ohne die Konfrontation mit der Ewigkeit. Darin liegt jene individuelle Identität in ewigen Zusammenhängen, die dem Waldgänger Freiheit bedeutet.

Der postdemokratisch-säkularisierte Zeitgenosse kann mit dergleichen nicht viel anfangen, zu wenig Handfestes, dafür um so mehr Verschwurbeltes, das zudem verdächtig mythologisch, wenn nicht gar religiös oder, noch schlimmer, christlich daherkommt. Das allein schließt eine Relevanz fürs Heute aus. Dafür hat sich der Mensch des frühen einundzwanzigsten Jahrhunderts schon viel zu weit vom Mythos in all seinen Ausdrucksformen entfernt. Heiligem begegnet er mit Überlegenheitsgeste, Abscheu oder

---

4 A.a.O., S. 51.

dem hohlen Interesse eines Mallorca-Touristen, der auf dem Weg in die Schinkenstraße an einer pittoresken Kapelle vorbeikommt.

Ähnlich unzeitgemäß wie die Berufung aufs Numinose scheinen die von Jünger beschriebenen Formen des Aufbegehrens. Da soll der Widerständige beispielsweise seinen Unwillen mit einem NEIN auf dem weißen Rand eines Wahlplakates artikulieren oder mit einem W, für Widerstand beziehungsweise Waldgang, auf einem Geländer. Das ist in den 2010er Jahren freilich von geradezu rührender Naivität, jeder beliebige Stromkasten offenbart wie sehr.

Weniger naiv, dafür aber genauso unzeitgemäß, ist Jüngers Überlegung vom Waldgänger als jemandem, der sich in klassischer Partisanenmanier gegen die Mächtigen erhebt: »Er führt den kleinen Krieg entlang der Schienenstränge und Nachschubstraßen, bedroht die Brücken, die Kabel und Depots. Seinetwegen muß man die Truppen zur Sicherung verzetteln, die Posten vervielfachen. Der Waldgänger besorgt die Ausspähung, die Sabotage, die Verbreitung von Nachrichten in der Bevölkerung. Er schlägt sich ins Unwegsame, ins Anonyme, um wieder zu erscheinen, wenn der Feind Zeichen von Schwäche zeigt. Er verbreitet eine ständige Unruhe, erregt nächtliche Paniken. Er kann selbst Heere lähmen, wie man es an der Napoleonischen Armee in Spanien gesehen hat.«[5]

Vor fünfundsechzig Jahren stellte derartiges eine als durchaus legitim empfundene Form des Widerstands dar. Enzensberger, Jelinek und Böll riefen in derselben Zeit zu

---

5 A.a.O., S. 77.

ähnlichen Aktionen auf. Die Erfahrungen der vorausgegangenen zwei Jahrzehnte waren noch zu präsent und die Bedrohung, in irgendeiner Weise gezwungen, versklavt und vernichtet zu werden, bestand weiterhin. Sich dagegen, zur Not militant und aus dem Untergrund heraus, zur Wehr zu setzen erschien legal und notwendig. Doch das ist vorbei. Heutzutage ist Militanz rundheraus abzulehnen. Einmal aus grundsätzlichen Erwägungen. Darüber hinaus aber ändert Gewalt nichts. Gegen wen sollte sie sich auch richten? Gegen das neue Zeitalter und seine Verwerfungen bewirken Steine, Molotowcocktails oder gar körperliche Angriffe nichts. Das betrifft sowohl die, die im Namen der Entschleunigung Bahnhöfe per Kabelbrand lahmlegen, als auch jene alkoholisierten Plebejer, die grölend vor Flüchtlingsheimen randalieren und das für nationalen Widerstand halten. Dem technologischen Fortschritt, der beginnenden Weiterentwicklung der Nation zum supranationalen Kulturraum, läßt sich mit derlei anti-modernen Aktionen nicht beikommen. Statt dessen verfestigen sie nur die Verhältnisse, indem sie Vorwände liefern.

Und schließlich ist da noch die Radikalität, mit der sich der Waldgänger von der ihn umgebenden Gesellschaft abwendet und die ihn in der Mitte der 2010er Jahre so deplaziert wirken läßt. Er will nicht Gleicher unter Gleichen sein, er ist ein Einzelner, frei obendrein. Er hält es mit Stirner:

»1. Das ist nicht Meine Sache.

2. Nichts geht über Mich.«[6]

---

6 Ernst Jünger: Eumeswil, in: ders: *Sämtliche Werke*, Band 20, Stuttgart 2015, S. 326.

Dafür nimmt er nicht weniger als Martyrium und Untergang in Kauf, und dies mit einer »Heiterkeit, wie sie der Abglanz der Freiheit ist«.[7] Er kann das, weil er ja den Tod überwunden hat und deshalb über die bloße physische Existenz hinaus wirkt.

Außer dem Rekurs aufs Metaphysische gibt es heutzutage nicht viel, was überkommener sein könnte als ein derart fundamentaler Individualismus. In einer vernetzten, konsenskollektivistischen Welt ist schließlich niemand eine Insel, alle sind Schwarm, jeder trägt Verantwortung für den anderen und das Gemeinwohl. Alles hängt irgendwie mit allem und jedem zusammen: die balkongezogene Tomate mit der Flora und Fauna Südspaniens, der westeuropäische Durchschnittsduschkopf mit dem Wasserstand im fruchtbaren Halbmond, das Kaufverhalten mit dem Zustand des Regenwaldes oder der Sozialpolitik fernöstlicher Billiglohnländer. Dem kann sich niemand entziehen. Wer es dennoch versucht, der gilt schnell als egoistisch, kaltherzig, ignorant und/oder asozial.

Doch trotz all des scheinbar Unzeitgemäßen und Unmodernen, trotz der drei Generationen inklusive Epochen- und Zeitenwende, die zwischen dem Erscheinen des Essays und dem Heute liegen, trotz alledem lohnt die Betrachtung der herrschenden Gegenwart aus dem Blickwinkel des Waldgängers. Das Bild, das sich daraus ergibt, ist gleichermaßen eindrucksvoll wie besorgniserregend, auf jeden Fall aber ist es von höchster Aktualität.

Das beginnt mit der Beschreibung von Zuständen und

---

7 *Der Waldgang*, S. 37.

Verhältnissen, wie sie in der Berliner Republik nur allzu bekannt sind. So, wenn es um die »Macht« geht, »die sich nicht an die Spielregeln zu halten gedenkt. Es ist dieselbe Macht, die [...] Eide abfordert, während sie selbst von Eidbrüchen lebt.«[8] Oder um »Taburäume der plebiszitären Demokratie, über die es nur eine amtliche Meinung gibt, und zahllose geflüsterte«.[9] Oder hinsichtlich »der Verbindung von so geringer Höhe und ungeheurer funktionaler Macht. Das sind die Männer, vor denen Millionen zittern, von deren Entschlüssen Millionen abhängig sind.«[10]

Hierbei handelt es sich mitnichten um die prophetischen Eingebungen eines Sehenden. Das war Jünger nicht. Vielmehr reflektiert er die Erfahrungen, die er in und mit einem nihilistischen Lemurenregime gesammelt hat. Und fördert dabei Strukturen und Mechanismen zutage, die jedem Leviathan eigen sind, ganz gleich wann und in welcher Kostümierung dieser daherkommt. So gesehen kann Jüngers Gang in den Wald als eine Art Gradmesser fungieren, der anzeigt, »welche Punkte die (nihilistische) Bewegung inzwischen erreicht hat«,[11] und daraus folgernd: in welchem Ausmaß die Freiheit des Einzelnen bedroht ist.

Um dies festzustellen, soll zunächst der aktive Nihilismus genauer betrachtet werden. Hierzu sei Jüngers Essay *Über die Linie* aus dem Jahr 1950 herangezogen. Die eigentlich Heidegger zum sechzigsten Geburtstag gewidmete

---

8 A.a.O., S. 18.

9 A.a.O., S. 16.

10 A.a.O., S. 24.

11 Ernst Jünger: Über die Linie, in: ders.: *Werke*, Band 5, Essays I, Stuttgart 1960, S. 249.

Schrift ist für den *Waldgang* insofern von Bedeutung, als sie den Eindruck einer Vorarbeit, eines ersten Versuchs, oder besser: ersten Vorstoßes erweckt. Als würde der Autor vom Waldsaum aus ins Unterholz vorfühlen, entwirft er in der *Linie* Bilder, die erst im darauffolgenden Jahr ihren fertigen Ausdruck finden. Entwickelt er eine Reihe von Begriffen und damit zusammenhängende Gedankengebäude, die im *Waldgang* von zentraler Bedeutung sind, auf deren nähere Erläuterung der Autor dann aber verzichtet. Formuliert er bereits jene Frage, die am Anfang des Gangs in den Wald stehen könnte: »wie der Mensch angesichts der Vernichtung im nihilistischen Sog bestehen kann?«[12]

Im Anschluß soll untersucht werden, ob und wenn ja, inwieweit der im *Waldgang* beschriebene Leviathan als macht- und gesellschaftspolitischer Ausdruck des aktiven Nihilismus seine Entsprechung im Heute findet.

Naturgemäß macht Jünger diesen noch in der Gestalt eines allmächtigen Staates beziehungsweise einer ebensolchen Partei aus. Das hat sich zwischenzeitlich geändert. Aktuell ist es eher ein weltanschaulich heterogenes Gewölk, das sich anschickt, der Leere das Feld zu bereiten. Die verschiedenen Fraktionen dieses Gebildes werden dabei weniger durch eine gemeinsame Ideologie und noch weniger durch eine einzelne Institution oder Instanz zusammengehalten oder gesteuert. Ganz im Gegenteil ist die Leviathan-Variante des frühen einundzwanzigsten Jahrhunderts eine diffuse, verschwommene Erscheinung, lediglich zusammengehalten von dem einheitlichen Wil-

---

12 A.a.O., S. 261.

len und Wunsch nach Auflösung und Entgrenzung des Bestehenden.

Nichtsdestotrotz haben sich die von Jünger beschriebenen Eigenschaften und Vorgehensweisen totalitärer Herrschaft auch bei den derzeit tonangebenden Eliten erhalten. Schon ist der nächste Neue Mensch als Abbild fleischgewordener Zukunft ausgerufen. Erneut, diesmal in der digitalisierten Maschinenwelt, soll er Motor des zivilisatorischen Prozesses und damit der Vereinheitlichung des Einzelnen sein. Auch die Mittel und Instrumente, mit denen Lehre und Botschaft der neuen Kreatur Verbreitung finden, sind nicht neu. Von der Indoktrination mittels flächendeckender Propaganda, die bereits im Kindergartenalter einsetzt, über die Instrumentalisierung von Bequemlichkeiten und Ängsten der Menschen bis hin zur sozialen Ächtung und Kriminalisierung von Andersdenkenden, einem wachsenden Denunziationsapparat und juristischen Maßnahmen, die nonkonsensuales Denken unter Strafe stellen – alles schon einmal dagewesen, nur anders kostümiert.

Im dritten und letzten Teil soll der *Waldgang* als Anleitung verstanden werden, wie man, trotz all der Bedrohungen, der totalitären Gefahr entkommen und im selben Moment wirkungsvoll aus dem Wald heraus dagegen opponieren kann.

Dazu sind, wie Jünger mehrfach betont, zwar nur einige wenige befähigt – zu groß ist die Gefahr, zu radikal die Abwendung. Doch eröffnen sich auch demjenigen Perspektiven, der vielleicht nicht über das trutzige Anarchengemüt und die metaphysische Offenheit des Käfersammlers verfügt, sich aber trotzdem dem Malstrom zu entziehen beziehungsweise davon abzugrenzen versucht, dafür aber noch keine geeignete Form gefunden hat.

Der *Waldgang* schafft da Abhilfe. Er weist dem freien Einzelnen einen Weg aus dem Dilemma. Und der führt immer weiter zurück in Richtung Ursprung, also genau entgegengesetzt zum Zug der Zeit. Das Ziel ist Seinsverdichtung, an deren Ende die Begegnung mit dem eigenen Selbst steht. Doch schon weit vorher tun sich demjenigen, der sich in den Wald aufmacht, bis dahin ungekannte Sichtweisen auf. Er wird Zusammenhänge gewahr, er lernt zu ent- sowie zu unterscheiden und seine Furcht zu überwinden. Vor allem aber erkennt er, um was es sich bei den herrschenden Mächten in Wirklichkeit handelt: um Schaum der Zeit. Je tiefer er in die Geschichte hinabsteigt und damit in den Wald vordringt, je intensiver er nach seinem höchst individuellen Verhältnis zum Weltganzen sucht, desto offensichtlicher steht es vor ihm. Und darin liegt letztendlich seine Rettung.

Doch der Reihe nach.

Die Linie

Ein Jahr vor dem *Waldgang* geschrieben, widmet sich Jünger in dem Essay *Über die Linie* einer eingehenden Analyse des Nihilismus. Er versucht zu ergründen, worum es sich dabei eigentlich handelt, woran ein solcher zu erkennen ist und inwieweit das Nichts bereits gesellschaftlich und politisch Platz gegriffen hat. Was ihn schließlich zu der Frage führt, ob die Menschheit den »Nullmeridian«,[13] eben jene titelgebende »Linie«, hinter der das Nichts herrscht, inzwischen überschritten hat oder nicht.

Seinerzeit diagnostizierte Jünger noch, daß sich das Menschengeschlecht gerade bei der Passage der Linie befinde. Das brachte ihm die Kritik Heideggers ein, woraufhin er seinen Befund im *Waldgang* ein Jahr später relativierte. Nun befindet sich die Menschheit in der Nähe des Nullmeridians, wobei er offen läßt, ob dies- oder jenseits.

Fünfundsechzig Jahre später ist das freilich nur Haarspalterei. Legt man die von Jünger herausgearbeiteten Merkmale und Symptome nihilistischer Herrschaft zugrunde, wird klar, daß in der Berliner Republik die Linie bereits weit überschritten worden ist. Weshalb der Zeitgenosse der 2010er Jahre einem aktiven Nihilismus bei der Arbeit zusehen kann.

---

13 A.a.O., S. 280.

Bedauerlicherweise bleibt Jünger eine genaue Bestimmung des Begriffes »Nihilismus« schuldig. Allerdings hat er dafür einen guten Grund. »Die Schwierigkeit, den Nihilismus zu definieren, liegt darin, daß der Geist vom Nichts unmöglich eine Vorstellung gewinnen kann [...]. Man macht sich vom Nichts weder Bild noch Begriff.«[14] Es verhält sich ähnlich wie mit dem Tod. Den kann man auch nicht erfahren, das Sterben hingegen schon.

Um aber trotzdem eine Vorstellung davon zu bekommen, nähert sich Jünger dem Nichts zunächst über Nietzsche an. Was erst einmal Grund zum Optimismus gibt. Immerhin versteht sich der Nihilismus von dieser Warte aus als »Phase eines [...] umfassenden geistigen Vorgangs [...], wie sie nicht nur die Kultur in ihrem geschichtlichen Verlaufe, sondern auch der Einzelne in seiner persönlichen Existenz in sich zu überwinden und auszutragen oder vielleicht auch wie eine Narbe zu überwachsen hat.«[15] Der Nihilismus stellt also keinen Endzustand dar, er ist nur eine Episode und damit endlich.

Für diejenigen, die in der Katastrophe stecken, und darauf läuft die Herrschaft des Nichts zwangsläufig hinaus, ist das freilich nur ein schwacher Trost. »Was könnte es im Augenblick, in dem Ilions Paläste stürzen, dem Trojaner sagen, daß Äneas ein neues Reich begründen wird? Diesseits und jenseits der Katastrophe mag der Blick sich auf die Zukunft richten und mag die Wege übersinnen, die dorthin führen – in den Wirbeln aber regiert die Gegenwart.«[16]

14　A.a.O., S. 254.
15　A.a.O., S. 247.
16　A.a.O., S. 248.

Wie sehr, das demonstriert das Heute. Aufgerieben zwischen den Verantwortungen, die ihm als Familienmitglied, Mitarbeiter, Bürger, Konsument, Autofahrer, Reisender oder auch nur als Esser obliegen, beständig konfrontiert mit und bedrängt von immer neuen Krisen aller Art, die mal allein, mal gemeinsam die Lage eskalieren und des Menschen Sicherheit und Vertrauen täglich neu untergraben, bleibt dem Einzelnen schlicht keine Zeit und Muße, einen Schritt zurückzutreten und die Situation im Ganzen zu überblikken. Wie sollte er auch, wenn selbst Minister unumwunden zugeben, daß die Regierung eine Politik des »Auf-Sicht-Fahrens« betreibt.

Dessenungeachtet erahnt Jünger im Streben nach dem Nichts ein »großes Schicksal, [eine] Grundmacht, deren Einfluß sich niemand entziehen kann.« Um so weniger, je unmöglicher »die Berührung mit dem Absoluten [...] geworden ist. Es gibt hier keine Heiligen. Es gibt auch das vollkommene Kunstwerk nicht. Desgleichen findet sich, obwohl an Plänen nicht Mangel herrscht, kein höchstes Ordnungsdenken.«[17] Der Nihilismus ist somit »Ausdruck der Entwertung der höchsten Werte«.[18]

Was die Berliner Republik betrifft, so ergibt diese Feststellung ein eindeutiges Bild. Entsprechend der herrschenden Leere haben in der Mitte der 2010er Jahre das Absolute und die damit einhergehenden überzeitlichen Werte keine Bedeutung mehr. Daran ändern auch die quasi wöchentlichen Aufrufe zur Suche nach den ethischen Grundlagen

---

17 A.a.O., S. 252.
18 A.a.O., S. 253.

der Gesellschaft nichts. Sie zielen nicht auf die tatsächliche Wiederentdeckung eines universellen, mithin heiligen Werte-Fundaments. In Zeiten, in denen Religionen, Götter und Heilige nicht mehr sind als Budenbesitzer auf dem Jahrmarkt esoterischen Aberglaubens, existiert der Mensch als Abbild und Teil des Ewigen nur noch als Freak, der von der Humanressource des frühen einundzwanzigsten Jahrhunderts wechselweise begafft, bestaunt oder beekelt, auf jeden Fall aber verhöhnt und verlacht wird. Es ist der Triumph der flachen Augenblicksemotion über das tiefwurzelnde Prinzip, der tumben Don't-be-evil-Gesinnung des »humanitären Imperativs« über eine wirklich humanistische Welt, in der der Mensch stets das Böse will und stets das Gute schafft. Wer sich dennoch darauf beruft, ist automatisch disqualifiziert, bereits die Andeutung einer höheren, gar göttlich inspirierten Ordnung genügt. Es scheint, als wolle die Gegenwart auch noch die letzten Verbindungen zu Geschichte und Mythos kappen, um anschließend losgelöst vom Alten in die vollkommene Leere des »anything goes« zu entschweben, in der alle Menschen, Götter, Herkünfte, Kulturen, Ethnien, Sprachen, Geschlechter gleich gültig sind – und damit gleichgültig.

In dem sich dadurch auftuenden Vakuum machen sich als weiteres Indiz nihilistischer Herrschaft Ersatzreligionen aller Art breit. »Es ist eine Zeit der Apostel ohne Aufträge. Endlich lassen sich auch die politischen Parteien die Apotheose zuteil werden, und göttlich wird, was ihren Doktrinen und ihren wechselnden Zielen dient.«[19] Dem-

---

19 A.a.O., S. 266f.

entsprechend bevölkert in der Berliner Republik eine unüberschaubare Anzahl von Erfüllungsversprechen den niederen Himmel weltlicher Heilslehren. Zahllose Ismen, Programme, Schulen oder Gymnastiken versprechen wahlweise die Vereinigung aller Geschöpfe in einer gerechten und sauberen Umwelt, Wege zum Glück samt spiritueller Erkenntnis oder die Entdeckung des Körpers als Tempel. Niemand kommt zu kurz, für jeden ist etwas dabei. Die Banalisierung der Moral ist in vollem Gange, inzwischen gibt es sie als Sonderangebot in jedem Discounter zu kaufen.

Derweil haben die Leitsätze einiger dieser Ersatzreligionen nicht nur ihren Niederschlag in Parteiprogrammen gefunden. Zudem sind sie zu quasireligiösen Dogmenkatalogen avanciert, gegen die zu verstoßen den Tatbestand der Blasphemie erfüllt und mit Exkommunikation geahndet wird. Dabei wird der Weg von der Denunziation über die Skandalisierung bis hin zum medial und politisch eingeforderten Glaubensbekenntnis immer kürzer. Es reicht ein als häretisch empfundenes Foto, ein Posting, ein Tweet, manchmal sogar ein falsch gewähltes, einzelnes Wort, um den inquisitorischen Mechanismus in Gang zu setzen.

Die Folgen sind unübersehbar. »Der Überfluß versiegt.«[20] Wohin man blickt, in der Politik, in der Kunst, der Philosophie und den Medien, überall erodiert die Phantasie. An ihre Stelle ist die Kreativität getreten, also jenes biedere Vorstellungsvermögen, das sich bestenfalls bis an die Grenzen des Diskursgeheges herantraut, niemals aber darüber hinaus. Mit Phantasie hat das wenig zu tun. Der Schwund regiert.

---

20 A.a.O., S. 265.

Ein besonders drastisches Beispiel dafür findet sich im Verfall der Sprache. Durch maschinenwelttypische Abkürzungen, die auch vor Namen nicht haltmachen, durch Rechtschreibreformen, ideologisch motivierte Formalien sowie durch massive und willentliche Vermüllung beziehungsweise Vernachlässigung systematisch ihrer Ausdrucksfähigkeit beraubt, ist von ihr nicht mehr übriggeblieben als der verstümmelte Code einer dem Abgrund entgegeneilenden Gesellschaft. Kiezdeutsch, Denglisch, Tags, Emojis, Netzjargon auf der einen Seite; auf der anderen hohle Sprachregeln, vorgestanzte Wort-, Begriffs- und Satzhülsen, deren Inneres die dräuende Leere vorwegnimmt. Das alles ist Absicht. Die Repräsentanten des aktiven Nihilismus machen gar keinen Hehl daraus, daß sie die Sprache als Waffe zur Umerziehung der Gesellschaft einsetzen. Durch die verpflichtende Verwendung eines ideologisch vorgegebenen Codes soll das Bewußtsein geändert und das Gehirn gewaschen werden. Inhalte sind dabei nicht gefragt. Deshalb ist es auch keine Überraschung, wenn in der Berliner Republik bei der Bewertung studentischer Arbeiten die ordnungsgemäße Verwendung aktiv nihilistischer Rhetorik Priorität gegenüber den inhaltlichen Aussagen genießt.

In enger Verbindung zum Schwund steht die Bewegung. Denn: »In jeder Erhöhung der Bewegung vollzieht sich eine Reduktion. Ganz ähnlich wie die reichen Lager und Flöze in der Natur wird auch die Ruhe abgebaut und völlig in Bewegung überführt.«[21] Für die Herrschaft des Nichts ist der stete Fortschritt, dieses unablässige Voran und Vorwärts in

---

21 A.a.O., S. 266.

die neue Zeit, von zentraler Bedeutung. In diesem »niederen Dynamismus«[22] bröckeln die alten Traditionen ab; Werte und Identitäten nehmen zuerst Stromlinienform an und lösen sich schließlich auf, »wie das notwendig der Bewegung zum Nullpunkt hin entspricht«[23].

Um diese Bewegung zu verdeutlichen, bemüht Jünger im *Waldgang* mehrfach das Bild der »Titanic« und deren Fahrt in den Untergang. Rund vierzig Jahre nach der verhängnisvollen Nacht im Nordatlantik war das fraglos eine passende Assoziation. Heute jedoch genügt es nicht mehr. Einmal, weil ein Dampfschiff mit Rundum-Blick der aktuellen Dynamik des Zugs der Zeit nicht gerecht wird. Der »Titanic« blieb immerhin noch die Gelegenheit zur Reaktion. Der Kapitän hatte einen, wenn auch viel zu geringen, Handlungsspielraum. Das hat sich radikal geändert. Zu rasant stürmt die digitale Revolution voran, zu ausgeprägt ist der Tunnelblick, daß eine Möglichkeit bestünde, eine existentielle Gefahr am Wegesrand rechtzeitig auszumachen. Außerdem bedarf es für den Untergang der »Titanic« der Mithilfe eines Eisbergs, durch den jene Jungfernfahrt ja erst zum gleichermaßen dramatischen wie allegorischen Ereignis wird. Die Katastrophe kam von außen, sie wurde nicht von einem systemimmanenten Fehler verursacht. Die »Titanic« implodierte nicht. Bei der Berliner Republik kann man sich da nicht so sicher sein.

Dies beides zusammengenommen, eignet sich eine fast vergessene Tragödie wie der ICE-Unfall von Eschede im

---

22 A.a.O., S. 269f.
23 A.a.O., S. 265.

Juni 1998 weitaus besser, die gegenwärtige gesellschaftliche und politische Entwicklung ins Nichts zu veranschaulichen. Mit einem aufgrund von Materialermüdung gebrochenen Radreifen nahm das Unglück damals seinen Lauf. Es dauerte dann noch zwei Minuten oder fünf Kilometer bis zur Entgleisung. Dazwischen raste der Zug scheinbar problemlos dahin, ohne daß der Lokführer, das Personal oder die Fahrgäste etwas von den fatalen Umständen mitbekamen.

Doch ganz gleich, welches Gefährt man bevorzugt, es ändert nichts an dem, was die »Titanic« genauso symbolisiert wie der ICE 884 »Wilhelm Conrad Röntgen«: die scheinbar unaufhaltsame Bewegung des zivilisatorischen Prozesses in Richtung Katastrophe.

Wie weit sich die Lage diesbezüglich bereits entwickelt hat, veranschaulicht ein Blick auf die momentane Situation. Fünfundzwanzig Jahre nach ihrer Rückkehr, scheint die Geschichte die Dinge von Grund auf umkrempeln zu wollen. Großes ist im Gange. Die planetarischen Machtverhältnisse ordnen sich neu, darüber gerät das globale Gefüge zunehmend in Unordnung. Mit jeder weiteren politischen oder ökonomischen Krise, mit jeder neuerlichen Ausweitung eines Konfliktherdes zu einem unkontrollierbaren Flächenbrand ein bißchen mehr. Staaten kollabieren, Regionen driften in brutale Anarchie ab, Millionenheere von Wandernden queren Kontinente und mit ihnen wird der Krieg zurück ins Herz Europas getragen. Und zwar in einer Form, wie er bislang nicht bekannt war, aber dennoch ganz dem Wesen der Zeit entspricht: grenzenlos, ohne Fronten, ohne Hinterland oder Rückzugsräume; zwischen Kämpfern und Nichtkämpfern wird nicht mehr unterschieden, jeder Einzelne kann jederzeit und beinahe überall auf der Welt zum Opfer entsetzlichster Angriffe werden.

Von der Westküste Afrikas über den Nahen und Mittleren Osten sowie den Hindukusch bis an die Westküste des Schwarzen Meeres hat sich ein Feuergürtel um die Alte Welt gelegt, der sich gleich einer flammenden Schlinge enger und enger zusammenzieht. Längst hat der Funkenflug Europa erreicht. In immer kürzeren Abständen flammt es auf. Mal ist es ein Autofahrer, der in eine Gruppe Passanten rast, mal ein Einzelner, der im Museum oder auf der Straße um sich schießt, mal eine Kommandoeinheit, die Dutzende Menschen hinschlachtet.

Um dem entgegenzuwirken und ein weiteres Übergreifen zu verhindern, fehlen die militärischen, politischen und ökonomischen Fähigkeiten. Dafür hat die Alte Welt schon viel zuviel Substanz und Macht eingebüßt. Im Innern durch Griechenland-, Finanz- und Flüchtlingskrise und die wachsende Kluft zwischen Herrschern und Beherrschten vom Zerfall bedroht, ist die Stimme, die einst der Menschheit befahl, brüchig geworden. Sie schafft es noch nicht einmal, im eigenen Hinterhof für Ordnung zu sorgen. Vom früheren Imperialismus ist nicht mehr viel, nur noch der moralische übriggeblieben, und das in seiner billigsten, der Don't-be-evil-Spielart. Das führt dann dazu, daß ganze Regionen ins Chaos dilettiert wurden und werden. Die Folgen sind bekannt und im Flüchtlingsheim ums Eck zu betrachten.

Bedeutsamer als das Fehlen machtpolitischen Willens und der Fähigkeiten zu dessen Durchsetzung ist jedoch die Abwesenheit eines Ideals, einer tief im Metaphysischen wurzelnden Idee, die den gesellschaftlichen Zusammenhalt sichert, integrativ wirkt und der Verteidigung lohnt. Dies ist um so gefährlicher, als die Herausforderer sich längst im Kriegszustand mit Europa respektive der Berliner Republik befinden. Sie sind Gotteskrieger, die den Tod nach eigener Auskunft mehr lieben als das Leben. Ihrem mörderischen Nihilismus voran flattert ihr Glaubensbekenntnis, dafür kämpfen, morden, plündern und vergewaltigen sie, dafür sprengen sie sich und andere ohne Zögern in die Luft. Bezeichnenderweise und ganz im Einklang mit dem Grundsatz, daß der Krieg mit der Verteidigung beginnt, legen sie dabei großen Wert auf die Pose des Verteidigers des Glaubens, Propheten und heiligen Buches.

Vor allem die Berliner Republik hat dem, außer vielleicht den bizarren Aufruf zum widerständigen Kaffeehausbesuch, nichts annähernd Gleichwertiges entgegenzusetzen. Sie will es auch gar nicht. Der hier herrschende aktive Nihilismus will von dem, was eine Gesellschaft erst in den Stand versetzt, sich wirkungsvoll zu verteidigen, also deren Traditionen, Mythen, Sitten und Werte, nicht nur nichts wissen, er bekämpft es sogar nach Kräften. Ihm geht es vorrangig um möglichst weitgehende Dekonstruktion und Beseitigung des Althergebrachten. So etwas ist schließlich nicht mehr als ein »mieses Stück Scheiße«, das nicht verteidigt, sondern schnellstmöglich entsorgt gehört, auf daß es nie wieder sei. Da ist es dann auch nur folgerichtig, wenn in der Berliner Republik gerade jene staatlichen Institutionen, die für Schutz und Sicherheit sorgen sollen, Armee und Polizei, vom Usurpator des Gewaltmonopols zu Paria-Organisationen erklärt und als solche behandelt werden. Sie werden kaputtgespart, ihrer Fähigkeiten systematisch beraubt und ihr Ansehen wird immer weiter beschmutzt. Soldaten als Mörder und Polizisten als Gewalttäter zu denunzieren, sie zu beschimpfen und zu verleumden, das gehört Mitte der 2010er Jahre bis hinein in höchste politische Ämter zum guten Ton.

So ist eine Situation entstanden, die gefährlicher kaum sein könnte. Der Nihilismus ist zum Stil der Zeit geworden. Sei es als eine von außen herangetragene oder als eine von innen betriebene Zerstörung des Selbst. Die Spirale in den Abgrund ist in Gang gesetzt, die Aussichten trüben sich ein. Es scheint, als nehme der zivilisatorische Prozeß Anlauf zur nächsten Katastrophe.

Bis es aber soweit ist, lohnt es sich, den aktiven Nihilismus ganz im Sinne der Jüngerschen Linien-Betrachtung von einigen Attributen zu befreien, die diesem zwar hartnäckig anhängen, in Wirklichkeit aber fälschlicherweise mit ihm in Zusammenhang gebracht werden. So ist die Herrschaft des Nichts weder chaotisch noch krank noch böse. Es ist genau umgekehrt. Zumindest, was das Chaotische und Kranke angeht.

Mit Anarchie kann der aktive Nihilismus nichts anfangen. Es sei denn, die Gesetzes-, Normen- und Regelbrüche, wie beispielsweise in der Flüchtlingspolitik der Berliner Republik, sind von ihm selbst initiiert worden. Ansonsten aber hat er es auf strengste Ordnung abgesehen. Sie ist der Nährboden des Nichts, auf ihr kann es erst richtig gedeihen. »Vorausgesetzt wird lediglich, daß die Ordnung abstrakt sei und also geistig – hierher gehört in erster Linie der durchgebildete Staat mit seinen Beamten und Apparaturen und das vor allem zu einem Zeitpunkt, an dem die tragenden Ideen in ihrem Nomos und Ethos verlorengegangen oder in Verfall geraten sind.«[24] In diesem Augenblick schlägt die Stunde des aktiven Nihilismus. Getragen von urbanen Massenbewegungen, dringt er in das alte Reglement ein beziehungsweise haftet sich daran an; im Anschluß bildet er es nach seinen Bedürfnissen und Zwecken um. Jede wirklich anarchistische Gesetzlosigkeit würde da nur »den strengen Ablauf stören, in dem er sich bewegt.«[25]

Spätere, von den momentanen Leidenschaften unangefochtene Historikergenerationen werden zu sagen wissen, ab wann genau der aktive Nihilismus des frühen einundzwanzigsten Jahrhunderts das Ruder in der Berliner Republik übernommen hat. Ob nach dem Zusammenbruch der *Lehman Bank*, nach der ersten Griechenlandkrise oder vielleicht doch erst nach Fukushima.

Aber egal zu welchem Ergebnis sie kommen werden, Einigkeit wird darin bestehen, daß spätestens seit Beginn der 2010er Jahre die Aushöhlung des Rechtsstaates infolge der nihilistischen Abbruchpolitik in vollem Gange war; daß der alltägliche Vertrags-, Gesetzes- und Verfassungsbruch durch die Mächtigen zum Markenzeichen der Berliner Republik avancierte. »Wir schaffen das« – egal wie!

Sie werden feststellen, daß von der Energiewende über die Eurorettung bis zur Flüchtlingswelle Parlamentsbeschlüsse, Rechtsvorschriften sowie nationale und internationale Vereinbarungen der Lächerlichkeit preisgegeben

---

24 A.a.O., S. 256.
25 A.a.O., S. 258.

wurden, daß deren Einhaltung seitens der Obrigkeit von den billigen Befindlichkeiten der Herrschenden abhängig war. Mitte der 2010er Jahre war, wie die Quellen dereinst ergeben werden, »Juristerei völlig schnurz« beziehungsweise galt das alte nihilistische Prinzip: »legal, illegal, scheißegal!« Woraufhin die Unterscheidung zwischen richtig und falsch, gut und böse, Recht und Unrecht immer weiter verwischte. An Zeugnissen, die diese Annahmen untermauern, wird es nicht mangeln: von all den Klauseln, Verträgen, Abkommen und Gesetzen, die in jenen Jahren, also heute, staatlicherseits suspendiert, gebrochen und verletzt wurden, über die Implementierung eines Gesinnungsstrafrechts und einen Medienkomplex, der sich offen als Speerspitze der Umerziehung betrachtete, bis hin zu der De-facto-Auflösung der Staatsgrenzen durch ein Kanzlerwort in einer Talkshow, dem wichtigsten politischen Forum in der Postdemokratie der mittleren 2010er Jahre. Wohin das führt, hat Jünger bereits vor fünfundsechzig Jahren im *Waldgang* beschrieben: »Man kann wohl sagen, daß sich die Massen, wenigstens bei uns zulande, in einem Zustand befinden, in dem sie Verfassungsverletzungen kaum noch wahrnehmen. Wo dieses Bewußtsein einmal verlorengegangen ist, wird es künstlich nicht wieder hergestellt.«[26] So gesehen ist der aktive Nihilismus seinem Ziel ein bedeutendes Stück näher gekommen. Die Auflösung macht Fortschritte.

Des weiteren werden die Geschichtskundigen der Zukunft wahrscheinlich darin übereinstimmen, daß der aktive Nihilismus dabei alles andere als chaotisch vorging.

---

26 *Der Waldgang*, S. 73.

Ganz im Gegenteil, die Regelungswut der Mächtigen nimmt zu. Die Leere fordert immer neue Arten der Registrierung, Verwaltung und Bürokratie, die sowohl die »polypenhafte Aussaugung«[27] als auch die weitere Vereinnahmung besorgen. Ordnung ist eben nicht nur für den Nihilismus ein »günstiges Substrat«,[28] das gilt auch umgekehrt. Jedes noch so kleine Chaos, jede noch so geringe Unordnung oder Unwägbarkeit soll entweder gesetzlich geregelt und mit entsprechenden Vorschriften und Verordnungen versehen werden oder, wo das nicht funktioniert, wie zum Beispiel im Privaten, der gesellschaftlichen Ächtung anheimfallen. Das betrifft unter anderem den Rausch. In ihm steckt Anarchie. Der aktive Nihilismus legt daher Wert auf Askese. Warum, illustriert das eigentlich aus dem Fundus steuerpolitischer Rhetorik stammende Bild von den Oasen, die es auszutrocknen gilt – auf daß die Wüste überall sei und eine Zuflucht nicht mehr möglich. Auf der Strecke bleibt die Freiheit.

Ganz ähnlich wie bei dem Irrglauben, der aktive Nihilismus sei gleichbedeutend mit Anarchie und Chaos, verhält es sich mit der Vorstellung vom Nichts als Krankheit. Auch hier ist das Gegenteil richtig. Und das gleich zweifach. Einmal, weil der Nihilismus als Zustand normal und nur als Zwischenzustand pathologisch ist. Also »wenn man ihn mit nicht mehr oder noch nicht gültigen Werten vergleicht«,[29] dann aber zeigt er sich zum anderen von höchster Vitalität. Was nicht weiter verwunderlich ist. Bei dem Pensum, das sich das Nichts mit der Vernichtung des Alten aufer-

---

27 *Über die Linie*, S. 279.
28 A.a.O., S. 256.
29 A.a.O., S. 263.

legt, sowie in seiner Verehrung des Körpers und der diesseitigen Kräfte strebt es gerade und vor allem nach Gesundheit. In der Maschinen- und Automatenwelt muß die Kreatur schließlich funktionieren. Und wie gut sie funktioniert, demonstrieren die immer neuen Rekorde, die der aktive Nihilismus erzielt. »Es gibt Anforderungen, die das Menschliche übersteigen und deren Bewältigung einen Automatismus fordert, dem Abtötung vorausgegangen ist.«[30]

Und auch hier findet das von Jünger vor einem Rentenalter Beschriebene seine zeitgenössische Bestätigung. Im Übergang vom analogen zum digitalen Zeitalter strotzt der aktive Nihilismus vor überragender Lebendigkeit. Gesundheit und Fitneß gehen ihm über alles. Ein funktionstüchtiger und leistungsfähiger Körper ist ihm oberstes Gebot. Mehrwert schlägt Sinnlichkeit. Deshalb wird heute nicht mehr gegessen, sondern sich ernährt, haben Lebensmittel den Charakter von Medikamenten angenommen, sind Alkohol und Zigaretten genauso verpönt wie auch sonst alles andere, was die Maschine Mensch daran hindern könnte, ihr volles Potential abzurufen. »Self Optimizing« lautet die Parole in der digitalisierten Automatenwelt. Dazu werden nur allzu bereitwillig Armbänder angelegt, Apps heruntergeladen und Daten übermittelt, werden computergenerierte Vorgaben und Anweisungen befolgt, deren Aufgabe lediglich in der Wartung und dem Hinauszögern von Abnutzungserscheinungen beim Humankapital besteht.

Derart optimiert, schickt sich die nihilistische Bewegung an, Rekorde und Bestleistungen aufzustellen, die das Men-

---

30 A.a.O., S. 260.

schenmögliche zu übersteigen scheinen. Die einen springen vom oberen Rand der Atmosphäre gen Erde, andere bloß von einem Felsvorsprung aus, dafür aber ohne Fallschirm; lediglich angetan mit einem *Flysuit* stürzen sie sich falkengleich in die Tiefe. Und wieder andere erreichen Geschwindigkeiten und Weiten, die nur produzierbar, nur als Teil einer Mannschaft, eines Räderwerks, einer Maschine abrufbar sind.

Schon längst gilt dies nicht mehr nur für Spitzensportler oder Rekordjäger. Die Vorstellung vom Menschen, der zur Leistungserbringung lediglich der richtigen Programmierung und Pflege bedürfe, hat sich inzwischen gesellschaftsweit durchgesetzt. Ob in Kita, Schule oder am Arbeitsplatz, Dysfunktionalität wird nicht geduldet. Stets gibt es ein Programm oder Verfahren, eine Pille, Therapie oder sonst eine Maßnahme, mit deren Hilfe der Automat im Sinne des aktiven Nihilismus wieder instand gesetzt wird.

Hierhin gehören auch die modernen Wissenschaften. Ihre Forschungen erzielen einen Durchbruch nach dem nächsten, quer durch alle Gebiete, von der Astro- bis zur Quantenphysik, von der Materialforschung über die Genetik bis hin zur Medizin. Sie geben einen Vorgeschmack auf das, was vielleicht schon innerhalb einer Generation alles möglich sein kann und wie sehr sich das Leben dadurch verändern wird.

Doch bei all der Lust, die der technologische Fortschritt auf die Zukunft macht, bedroht er doch gleichzeitig auch die Freiheit eines jeden Einzelnen. Wo menschliche Reaktionen, Emotionen, Gefühle oder Empfindungen nicht mehr sind als biochemische Angelegenheiten, hat das Unsagbare, das

Einzigartige, das, was den einzelnen Menschen von seinen Artgenossen unterscheidet, einen schweren Stand.

Sobald die Wissenschaften sich in den Dienst des politischen Willens stellen beziehungsweise den Machenschaften der Mächtigen unterworfen werden, wächst die Gefahr. Erst recht Mitte der 2010er Jahre. Die Dekodierung des Homo sapiens befeuert den Glauben an die – mehr als nur gleichkonstruierte – Einheitskreatur. Und es scheint nur noch eine Frage von ein paar wenigen technologischen Entwicklungssprüngen zu sein, bis dem aktiven Nihilismus auch die wissenschaftlichen Instrumente zur Erschaffung einer solchen an die Hand gegeben sein werden.

Das führt zu der Frage, inwieweit das Böse einen originären Bestandteil des Nihilismus darstellt. Laut Jünger ist dies nicht der Fall. Ihm nach tritt das Böse nur als eine Begleiterscheinung der Herrschaft des Nichts auf, so wie es »bei Theaterbränden oder Schiffsuntergängen«[31] vorkommt.

Davor sind vor allem menschenfreundliche Ansätze nicht gefeit. Im Gegenteil setzen gerade sie, »verschärfend, die angesponnenen Prozesse fort. Das führt dann dahin, daß auf weite Strecken Recht und Unrecht fast ununterscheidbar werden«. Am Ende verschwimmt die Grenze zwischen Gut und Böse so weit, daß sie sich »dem schärfsten Auge […] entzieht.« Wo es aber keine Normen mehr gibt, können diese auch nicht gebrochen werden. In solchen Verhältnissen sind es dann vor allem jene »Typen, die man an jeder Straßenecke und hinter jedem Schalter sieht, [und die nun]

---

31 A.a.O., S. 263.

in den moralischen Automatismus eintreten«, die gefährlich sind. Sie, obgleich keine Verbrecher im eigentlichen Sinne, sorgen dafür, daß der Einzelne irgendwann nur noch die »Wahl zwischen Arten des Unrechtes«[32] hat.

An diesem Punkt liegt die Berliner Republik hinter der prognostizierten Entwicklung zurück. Zwar hat sich mittlerweile unter dem Schlagwort »humanitärer Imperativ« ein moralischer Automatismus etabliert, der sich problem- und offensichtlich folgenlos über Gesetze, Regeln und Normen hinwegzusetzen vermag. Davon profitiert der staatlich alimentierte Gesinnungsschläger genauso wie eine Bundeskanzlerin, die wissentlich und willentlich die Grundsätze der Verfassung übergeht. Das Böse jedoch, und mit ihm der systematische Schrecken, der Terror und das Grauen, ist in der Berliner Republik nicht am Werk.

Darauf, daß es so bleibt, sollte man sich jedoch nicht verlassen. Es gehört zu den Eigenschaften des moralischen Automatismus, beständig zu eskalieren. Irgendwann schlägt auch ein humanitärer Imperativ um ins Inhumane, verzieht und verzerrt sich das freundliche Gesicht zur Fratze des Unmenschen.

Derweil geschieht das nur gelegentlich. Etwa wenn Opfer sexueller, politischer oder religiöser Gewalt verhöhnt oder verächtlich gemacht werden, oder wenn auf den Straßen der Berliner Republik der Ruf nach einem neuerlichen Holocaust laut wird, Stichwort: »Juden ins Gas«, und Polizei, Staatsanwaltschaft und Politik nur achselzuckend daneben stehen; oder wenn aus Vergewaltigungen kulturelle Mißver-

---

32 A.a.O., S. 263f.

ständnisse infolge eines zu kessen Rockes beziehungsweise Augenaufschlags werden oder aus schwersten Körperverletzungen Notwehrakte gegen gesamtgesellschaftliche Diskriminierung – vorausgesetzt natürlich, die Hintergründe sind richtig verteilt. Doch das ist nicht die Regel, jedenfalls noch nicht. Die Zukunft wird zeigen, wie der aktive Nihilismus auf einen sich verhärtenden Widerstand gegen die nihilistische Auflösungspolitik reagieren wird. Ob er auf der Alternativlosigkeit des humanitären Imperativs bestehen wird oder nicht. Und wenn ja, wie er gedenkt, dies durchzusetzen. Doch soweit ist es noch nicht.

Während die Berliner Republik beim Bösen also noch ein wenig in Verzug ist, entspricht sie hinsichtlich eines anderen Aspekts wieder ganz der Jüngerschen Analyse. Wie von ihm beschrieben, ist auch heute das »herrschende Grundgefühl [...] das der Reduktion und des Reduziertwerdens«.[33] Erst recht in einem Zeitalter, in dem der Einzelne immer weiter marginalisiert, katalogisiert, nach Vorlieben, Relevanz und Zielgruppe kategorisiert und mit einer Nummer versehen wird, mal vierunddreißig-, mal zwölf- oder achtstellig, je nachdem, welcher Artikelcode gerade gefragt ist. Das Sein der zeitgenössischen Kreatur löst sich mehr und mehr in Zahlenkolonnen und Algorithmen auf. Darin aber, in der reinen Kausalität, der ausschließlich ökonomischen »Betrachtung der historischen und sozialen Welt«,[34] lag für Jünger die »umfassendste Reduktion« der damaligen Zeit.

Einen Epochensprung später hat sich daran nicht nur

---

33 A.a.O., S. 265.
34 A.a.O., S. 268.

nichts geändert. Mehr noch, das materialistische Welt- und Menschenbild wurde zwischenzeitlich in den Stand eines universalen Dogmas erhoben, dem jede Fraktion des aktiven Nihilismus bereit ist, bedingungslos Folge zu leisten. Unabhängig davon, ob die einen glauben, die Ursprünge allen Übels lägen in sozialer, sprich: materialistischer Ungerechtigkeit begründet, oder die anderen behaupten, daß erst, wenn es der Wirtschaft gut geht, es dem Einzelnen gut geht. Das sind nur Spiegelfechtereien. Für den Einzelnen gibt es keinen Unterschied. Er soll gebrochen, standardisiert und vereinheitlicht werden.

Um das zu erreichen, kommt, wie bei maschinenweltlichen Totalitarismen üblich, den Krisen der Zeit eine zentrale Rolle zu. Sie unterbrechen »kaum die Bahn, kürzen sie eher ab«.[35]

So auch in der Berliner Republik. Mittlerweile machen die hier tonangebenden Eliten gar keinen Hehl daraus, jedwede politische, gesellschaftliche oder sonstige Verwerfung ganz in ihrem Sinne auszubeuten. Die Euro- und Finanzkrise läßt Minister öffentlich frohlocken, daß dadurch endlich die unionistische Einigung Europas unumkehrbar vorangetrieben wird. Die Flüchtlingsströme werden von den Verlautbarungsorganen des aktiven Nihilismus lautstark als das lange herbeigesehnte, irreversible Ende der kulturellen Homogenität des Landes gefeiert; terroristische Anschläge werden als Argumente benutzt, um jetzt erst recht nicht die Grenzen zu sichern; sexuelle Übergriffe von Flüchtlingen dienen der Stigmatisierung einheimischer Männer als po-

---

35 *Der Waldgang*, S. 46.

tentielle Vergewaltiger oder rassistische Gewalttäter und die wachsende gesellschaftliche Unruhe als Grund für die Einführung eines Gesinnungsstrafrechts.

Daß die Repräsentanten des herrschenden aktiven Nihilismus damit einigermaßen widerspruchsfrei durchkommen, führt zu einem weiteren Merkmal nihilistischer Machtausübung: der Instrumentalisierung der Angst, genauer gesagt: der Todesangst. Denn, wie Jünger im *Waldgang* schreibt: »Jegliche Furcht, wie abgeleitet sie auch erscheine, ist im Kern Todesfurcht.«[36] Sie ist die wirkmächtigste aller Ängste, wer sie zu bedienen beziehungsweise aufrechtzuerhalten weiß, der bestimmt Richtung und Geschwindigkeit des zivilisatorischen Prozesses. Die Angst und ihre kleine Tochter, die Panik, machen aus Menschen formbare Massen, die sich nur zu gerne hinter demjenigen scharen, der ihnen Führung in der Krise verspricht. »Darauf beruht es, daß ununterbrochen Furcht verbreitet werden muß. Die Machthaber leben immer in der entsetzlichen Vorstellung, daß nicht nur der Einzelne, sondern viele aus der Furcht heraustreten könnten. Dort schlummert die größte Gefahr: daß der Mensch furchtlos wird.«[37] Deshalb gehört die insinuierte Katastrophe – im Gegensatz zur tabuisierten, tatsächlich anstehenden – zum Standardrepertoire einer jeden Total-Vereinnahmung, egal ob vor einem Rentenalter oder heute. Am besten als politisch paßgenaues nihilistisches Gerücht, »Gerüchte sind wertvoller als Tatsachen. Das Unbestimmte wirkt bedrohlicher.«[38] Der Phan-

---

36 A.a.O., S. 57.
37 *Über die Linie*, S. 282.
38 A.a.O., S. 251.

tasie sind dabei keine Grenzen gesetzt. Im Hochgeschwindigkeitszug der Zeit eignet sich quasi alles zur existentiellen Bedrohung, dementsprechend vielfältig ist das Panorama von Ängsten. Bis ins Unüberschaubare zersplittert, sind sie alle gleich und unterschiedslos gefährlich, immer geht es ums Ganze, der Untergang ist stets nicht weit. Ob Klima, Atomenergie, Genforschung, Feinstaub, Kohlendioxid, Methan, unbehelmte Fahrradtouren, Seuchen, Viertes Reich, Aktiv- und Passivrauchen, Bienensterben, Kapitalismus, Naher Osten oder vergiftetes Kinderspielzeug aus Fernost – die Liste ließe sich endlos fortführen und würde doch nur zeigen, wie sehr der heutige Mensch von Furchtauslösern umstellt ist. »In dieser Stimmung findet die Panik keinen Widerstand; sie breitet sich wie ein Wirbel aus. [...] Zuletzt umgibt ihn der Terror wie ein Element. In dieser Lage zermürbt das nihilistische Gerücht, bereitet ihn zum Untergange vor.«[39] Und minütlich kommt ein neues hinzu, profilgenau per Live-Ticker ins Bewußtsein gehackt.

Überhaupt die digitale Revolution. Mit ihr greift die Automatisierung endgültig nach dem Menschen. Die Grenze zwischen den Welten löst sich im Zuge der fortschreitenden Verschmelzung von Kreatur, Maschine und Netz immer weiter auf. Bald schon werden Nanoapparaturen die Funktionen der Organe überwachen beziehungsweise optimieren, und Prothesen aller Art werden die Leistungsfähigkeit jedes Einzelnen vervielfachen. Der Cyborg wird auf absehbare Zeit zur Realität.

Vorerst aber erweist sich der technologische Fortschritt

---

39 A.a.O., S. 250.

gleich in mehrfacher Hinsicht als überaus nützlich für die Machenschaften des aktiven Nihilismus. Zunächst einmal aufgrund der völlig neuen Möglichkeiten, die die Digitalisierung hinsichtlich Manipulation, Erfassung und Überwachung eröffnet. Immer ausgefeilter werden die Methoden, mit denen der Einzelne von der Wiege bis zur Bahre observiert, ausgerichtet und gelenkt werden kann. »Die ausweglose Umstellung des Menschen ist seit langem vorbereitet und zwar durch Theorien, die eine logische und lückenlose Welterklärung anstreben und mit der technischen Entwicklung Hand in Hand gehen.«[40] So daß es heute nur mehr weniger Klicks und Algorithmen bedarf, um Postings, Surfverhalten sowie Verweildauer zu Profilen zu verknüpfen, die imstande sind, den Unanständigen zu entlarven, noch bevor dieser selbst davon weiß, und ihn frühzeitig entsprechend zu behandeln, sprich in die »richtige« Richtung zu »nudgen«. Das macht den Terror früherer Nihilismen überflüssig. Zumindest vorerst. Es bleibt allerdings abzuwarten, was passiert, wenn das nicht mehr ausreicht. Werden dann aus Persönlichkeitsprofilen Proskriptionslisten, die jederzeit auf Knopfdruck und gefiltert verfügbar sind? Die technischen Voraussetzungen dafür existieren jedenfalls.

Wichtiger aber noch als die Erziehungs- und Überwachungspotentiale der neuen Technologien ist der dem Internet innewohnende Drang zur globalen Vereinheitlichung. Angesichts der überwältigenden Vielfalt und schillernden Grenzenlosigkeit der virtuellen Welt wirken

---

40 *Der Waldgang*, S. 26.

die Kulturtechniken, Prinzipien, Grundsätze und Ge-
wißheiten des vergehenden analogen Zeitalters nur mehr
kleinlich und provinziell. Statt dessen ist freiwillige Entgrenzung en vogue, vom Staat über die Gesellschaft bis
hin zum Einzelnen. Alles und alle sind ebenbürtig, nichts
oder niemand ist besser als der oder das andere, und natürlich gibt es keine Unterschiede in der Wertigkeit von
Religionen, Sitten, Gebräuchen und Lebensentwürfen. In
diesem Sinne werden geradezu lustvoll, auf jeden Fall aber
unaufgefordert und mit wachsender Geschwindigkeit,
kulturelle, soziale oder individuelle Alleinstellungsmerk-
male geschleift, werden Traditionen und Bräuche als nicht
existent erklärt, wird das Ich im planetarischen Wir auf-
gelöst. Zurück bleibt ein Wesen, das sich aus vielen verschiedenen und rasch wechselnden Zuflüssen speist, dessen Quelle aber verschüttet ist.

Die digitale Vermassung greift um sich, sie bereitet der
politisch gewollten Einebnung das Feld. Das Individuum
hat dabei das Nachsehen, und mit ihm das Besondere, das
Wunderbare, das spezifisch Menschliche, das den Menschen
zu dem macht, was er ist, und ihn mit jener unverwechsel-
baren Identität ausstattet, in der Ruhe, Frieden und Sicherheit liegen.

Dazu trägt auch die zunehmende Bereitschaft des Menschen im frühen einundzwanzigsten Jahrhundert bei, sich
immer weiter der digitalisierten Maschinenwelt auszu-
liefern. Um so mehr, da die Total-Vereinnahmung als ein
freundlicher Dienstleister daherkommt, der möglichst jede
Entscheidung abnimmt, und gleichzeitig noch keine Vorstellung von individueller Freiheit innerhalb einer vernetz-

ten Welt besteht. Dafür ist das neue Zeitalter noch zu jung und der Fortschritt der Maschinenwelt zu rasant. Was aber nichts daran ändert, daß diese Selbstauslieferung auf eine gefährliche Bequemlichkeit hinausläuft, auf eine freiwillige Entmündigung des Einzelnen, was zwangsläufig zum Verlust von Freiheit führt.

Das bleibt dem Einzelnen zunächst freilich verborgen, statt dessen genießt er die vermeintlichen Segnungen der neuen Zeit. Und wer will es ihm verübeln? Smartphone, Tablet und Notebook erleichtern vieles, sie machen Spaß, vor allem aber sind sie bequem. Bis zu dem Moment, in dem die Maschinen und Apparate ihren Dienst einstellen. In diesem Augenblick umstellen »die Apparate ihn in einer Weise [...], die ohne Ausweg scheint«.[41]

Aber schon vorher zeitigt die Herrschaft des aktiven Nihilismus »höchst sparsame, graue oder auch ausgebrannte Landschaften«.[42] Das hat sich seit der Jüngerschen Linienbetrachtung nicht geändert. Zwar sind die Eliten der Berliner Republik bemüht, die von ihnen hinterlassene Ödnis in den Farben des Regenbogens zu tapezieren und mit der Behauptung von Vielfalt zu überschreiben. Doch das ist bloße Täuschung. Gleichheit, und darauf zielt der aktive Nihilismus zuallererst ab, bedeutet ja gerade nicht Vielfalt, sondern termitenhafte, mithin auch terroristische Eintönigkeit. Diversität meint in der digitalisierten Maschinenwelt nur das äußere Automatendesign. Oder anders gesagt: Beim öffentlich betriebenen Karneval der Kulturen mögen die Kostü-

---

41 A.a.O., S. 29.
42 *Über die Linie*, S. 267f.

me unterschiedlich sein, die einheitliche Mensch-Maschine darunter ist es nicht.

Nicht anders sieht es unter der Regenbogentapezierung aus. Auch hier nur graue Ödnis. Im Kleinen wie im Großen. Ob enthemmte Tugendwächter nun vermeintlich unzüchtige Werbung von städtisch betriebenen Plakatwänden verbannen oder kommunale Verwaltungen nicht schnell genug dafür sorgen können, daß eine Bademode wie zu Kaisers Zeiten in öffentlichen Schwimmbädern Einzug hält, oder Vollverschleierung, Geschlechtertrennung und die Unverletzlichkeit eines bestimmten heiligen Buches als Errungenschaften vorangeschrittener Aufklärung gefeiert werden, ob in Kunst, Politik, Medien, Theologie, Philosophie oder dem Denken allgemein – graue Einheitlichkeit, wohin man sich wendet. Und sie breitet sich aus. Mitte der 2010er Jahre verringern sich die Oasen, die Geburts- und Zufluchtsorte eines anderen Überlegens, in dem Maße, in dem sich die Wüstenei ausbreitet.

Von dieser Entwicklung besonders betroffen ist die »die konservative Haltung«. Sie »vermag die wachsende Bewegung nicht mehr aufzufangen oder abzudämmen«.[43] Das gilt um so mehr für das neue Zeitalter. »Wo aber alles ins Gleiten kommt, verliert sich der Ansatzpunkt.« Es gilt, »eine neue Rechnung anzufangen«.[44]

Wie aber kann eine solche in Zeiten ohnmächtiger Desorientierung und tiefer Verunsicherung aussehen? Das ist die Herausforderung, vor die sich der Konservatismus gestellt

---

43 A.a.O., S. 273.
44 Ebd.

sieht. Solange hierauf keine Antwort gefunden ist, wird seine Bedeutung als gesellschaftlich relevante Kraft in den kommenden Jahren noch weiter schwinden. Bereits heute ist von seiner früheren Funktion als Regulativ und Anker in stürmischen Zeitläuften nicht mehr viel übrig. Statt dessen scheint es, als wäre er im öffentlichen Diskursgehege nur noch als Vorwand für die weitere Eskalation der Verhältnisse im Sinne des aktiven Nihilismus geduldet. Dieser Substanzverlust verdüstert über den Konservatismus hinaus die Aussicht auf die weitere gesellschaftliche und politische Entwicklung. Wo die Vernunft schwindet, breitet sich der rationale Wahn aus. Und der ist bekanntlich grausam.

Das läßt nichts Gutes erwarten. Der Einzelne ist in seiner Individualität heute noch weit mehr gefährdet als sein Pendant vor einem Menschenalter. »Die ›Totale Mobilmachung‹«, verstanden als totale Vereinnahmung, »ist in ein Stadium eingetreten, das an Bedrohlichkeit noch das vergangene übertrifft.«[45]

---

45 A.a.O., S. 280.

Leviathan

Doch wer steckt hinter dem aktiven Nihilismus, wer ist die treibende Kraft hinter der Bewegung ins Nichts?

In *Über die Linie* sieht Jünger den »Leviathan« am Werk. Wo dieser erscheint, steigert sich die Ausbeutung – »Grundzug der Maschinen- und Automatenwelt«[46] – zur Unersättlichkeit. Ein Jahr später, beim Gang in den Wald, erweitert er diese Annahme um die Feststellung, daß »die historische Welt […], in der wir uns befinden, […] einem schnell sich bewegenden Gefährt [gleicht], das bald Komfort-, bald Schreckenszüge zeigt. Bald ›Titanic‹ und bald Leviathan.«[47]

Für Jünger sind also der Leviathan und dessen Vereinnahmungsbestrebungen Ausdruck der kollektivistischen Tendenz eines voraneilenden zivilisatorischen Prozesses. Und dieser zeigt sich eben nicht nur in Massendiktaturen wie jener, der er gerade entkommen war, Millionen andere, darunter sein Sohn, aber zum Opfer gefallen waren. Sondern auch in einer parlamentarischen Demokratie, die in ihrem Drang zum Plebiszitären nur allzubald ins Tyrannische umschlägt.

Wie wir heute wissen, lag Jünger mit dieser Befürchtung hinsichtlich der zukünftigen Entwicklung der noch jungen

---

46 A.a.O., S. 279.
47 *Der Waldgang*, S. 38.

Bonner Republik falsch. Die bei Erscheinen des *Waldganges* gerade einmal zwei Jahre alte BRD war weder Ideologie- noch Bewegungsstaat. Ihre Gründung, also die Überführung Trizonesiens in einen teilsouveränen Bundesstaat, war nicht mehr als ein emotionsloser Verwaltungsvorgang, der erst fünf Jahre später im Berner Wankdorfstadion durch einen Linksschuß von Rahn in der 84. Minute mit bescheidenem Leben erfüllt wurde. Mehr nationales Pathos war nicht drin. Zu total war die Niederlage, zu ungeheuerlich waren die Verbrechen und zu frisch die Erinnerungen daran, als daß romantische Welterlösungskonzepte eine Chance gehabt hätten.

Statt dessen richteten sich die Verlierer im Nebeneinander der Reihenhäuser ein und engagierten sich von nun an in der Wirtschaft, fernab irgendwelcher kollektivistischen Menschenzucht-Phantastereien. Mit den Jahren wuchs und etablierte sich, trotz der immer rascher fortschreitenden Automatisierung, trotz der zunehmenden Verzifferung der menschlichen Existenz, ein demokratisches Gemeinwesen, das jedweder politischen Alternativlosigkeit abhold war. Statt dessen blieben stets Wahlmöglichkeiten, war von totalitärer Vereinnahmung keine Spur. Proteste gegen den Zug der Zeit fanden ihren Niederschlag auf der Straße, in Konzerthallen, in neuentstehenden Parteien und gesellschaftsübergreifenden Bewegungen sowie in den Medien. Sogar die mörderische Militanz seiner Gegner ertrug der Staat, ohne ins Diktatorische abzugleiten. Entsprechende Versuche wie Radikalenerlasse oder Eingriffe in die Pressefreiheit scheiterten am zivilgesellschaftlichen Widerstand. Kurzum: Die Bonner Republik eignet sich nicht als leviathanisch-vereinnahmender Staatsapparat im Jüngerschen Sinne.

Ganz anders die Berliner Republik. In ihr erlebt der Bewegungs- und Gesinnungsstaat eine Renaissance. Postdemokratisch in ihrem Selbstverständnis, entwickelt sie sich seit einigen Jahren zu einer Herrschaft, die der, die Jünger im *Waldgang* erahnt und befürchtet, immer ähnlicher wird.

Allerdings wird Mitte der 2010er Jahren der Leviathan nicht mehr durch eine einzelne Macht in Gestalt einer allmächtigen Partei oder eines ebensolchen Staatsgebildes repräsentiert. Er ist weniger ein straff geführter, monolithischer Block als vielmehr ein loses Gewölk ohne Machtzentrum, in dem Fraktionen zusammenfinden, die auf den ersten Blick nur wenig bis gar nichts miteinander verbindet, außer vielleicht eine tiefe gegenseitige Ablehnung.

Das Spektrum reicht vom militanten Antikapitalisten bis zum Finanzmarktakteur, vom Gewerkschafter bis zum Arbeitgeber, vom rotweintrinkenden Professor bis zur prekären Erzieherinnenexistenz, vom öffentlich-rechtlichen Journalisten bis zum Lokalredakteur, vom Bundespräsidialamt bis zum selbsternannten Staatsfeind, vom Bischof über den Künstler bis hin zur polyamor lebenden Regenbogencommunity. Es gehören jene völkisch Gesonnenen dazu, denen es ganz grundsätzlich um die Befreiung der Menschheit von ihrem schlimmsten Übel geht: dem weißen Mann. Als Wiedergutmachung für aktuelles und jahrhundertelanges Unrecht, mit dem er seit den Kreuzzügen die nichtweißen Völker überzog, soll er endgültig ausscheiden, aus dem Zeitenlauf. Sein Nieder-, besser noch: Untergang ist Voraussetzung für eine gerechtere, bessere Welt. Weshalb hinter einer derartig eliminatorischen Idee auch kein Rassismus steckt, sondern zivilisatorische Notwendigkeit. Hashtag: #killallwhitemen!

Außerdem sind da noch die, die von dem romantischen Glauben an die völlige Gleichheit aller Menschen weltweit erfüllt sind. Sie sind die Apologeten der Maschine Mensch im scheinbar humanistischen Gewand. Ihr Idealbild scheint die, wenn möglich, global genormte Einheitskreatur zu sein, die unterschiedslos, dafür aber mit fluider Identität, im bunten Einheitsbrei einer dann hoffentlich gerechten, toleranten und geeinten Welt aufgeht, in der sich Einzelne, Gruppen und Völker mit Anstand und Respekt begegnen sollen. Was sie allerdings nicht von der Respektlosigkeit zurückhält, die Religionen, Kulturen und Sozialisationen der unkontrolliert hereinströmenden Migranten zu an sich bedeutungslosen Nebensächlichkeiten herabzuwürdigen, die durch schlichte Hinweistafeln überwunden werden können. Alle Menschen sind gleich, also reichen auch kleine Comicstrips aus, um sie von Machogehabe und sexuellen Übergriffen abzuhalten.

Mit den Romantikern verwandt sind jene Mitglieder innerhalb des Gewölks, die sich auf die ökonomische Sichtweise verlegt haben, nur daß sie auf die soziale Bemäntelung ihrer Nivellierungsbestrebungen verzichten. Völlig ungeschminkt regiert hier die Vorstellung vom Menschen als weltweit identisch konstruierte Funktionseinheit, die zeitgleich als Ressource, Produzent und Konsument auftritt und deren Lebenssinn sich in der Erzeugung und dem Verbrauch bewußtlosen Wohlstands erschöpft. Sie sind damit innerhalb der leviathanischen Eliten die vielleicht größten

Fürsprecher eines weiteren Ausbaus einer entgrenzten Maschinenwelt. Sicherlich aber sind sie deren größte Nutznießer. Während die anderen Gruppierungen auf die Befriedigung diffuser Rache- oder Gleichheitsphantasien abzielen, haben die Ökonomen ein handfestes, monetäres Interesse. Sie schlagen aus der Auflösung Kapital.

Angesichts eines solchen ideologischen Wirrwarrs können Konflikte innerhalb des Gewölks natürlich nicht ausbleiben. Und tatsächlich geraten gelegentlich die verschiedenen Partikularinteressen aneinander. So rotten sich beispielsweise von Zeit zu Zeit die schwarzuniformierten Tugendwächter des aktiven Nihilismus gegen die nachtblaugewandeten Finanziers desselben zusammen, oder die Funktionäre des Regenbogens machen gegen die der christlichen Heilsverwaltung mobil.

Jedoch handelt es sich dabei um nicht mehr als Revierstreitigkeiten, um wolkenimmanente Bruchlinienkonflikte, denen keine tiefere Bedeutung als die eines vorübergehenden Schauspiels zukommt, das bei den Krawallfestspielen rund um den 1. Mai in Berlin und Hamburg seinen alljährlichen Höhepunkt erlebt. In dem Augenblick, in dem das höhere, gemeinsame Ziel, nämlich die Auflösung jedweder Identität, dies verlangt, sind alle Gegensätze vergessen. Dann stehen die Fraktionen des Gewölks zusammen, so unterschiedlich deren Motive auch sein mögen, ob rassistischer, egalitaristischer, ökonomischer oder romantischer Provenienz. Selbst gruppenspezifische Dogmen werden dafür relativiert, untergeordnet oder gleich ganz über Bord geworfen. So sind Atheisten die verläßlichsten Wegbereiter eines fremden Glaubens, diskutieren Homosexuelle, wie sie es vermeiden können, die Gefühle gläubiger Menschen durch ihr Auftreten zu verletzen, und jene, die es auf die Dekonstruktion des traditionellen Familienbildes angelegt haben, feiern die traditionelle orientalische Großfamilie als Bereicherung. Und als wäre dies nicht genug, argumentieren weite Teile des Gewölks mit dem Verweis auf christliche Nächstenliebe. Was angesichts des suizidalen Selbsthasses der leviathanischen Eliten durchaus als Drohung verstanden werden kann. Jedenfalls, solange Nächstenliebe immer noch meint: Liebe deinen Nächsten wie dich selbst. Will man das wirklich den Zuströmenden zumuten? Doch derlei Ungereimtheiten kümmern nicht. Wenn es ums Ganze geht, kennt die Berliner Republik keine Parteien mehr, sondern nur noch den wolkigen Konsens.

Selbstredend wähnen sich die nihilistischen Eliten damit an der Spitze des zivilisatorischen Prozesses. Als Avantgarde des bunten Weltgeistes holen sie mit ihren fortgesetzten Entgrenzungskampagnen demnach nur das nach, was technologisch schon längst Wirklichkeit geworden ist: die eine Welt. Grenzen, staatliche wie auch individuelle, sind hierin nur Ausdruck asozialer Egoismen, die im neuen Zeitalter keinen Platz mehr haben. Wer dennoch darauf besteht, ist von schwachem Geist und/oder leidet unter krankhaften psychischen Störungen, die ausgetrieben und nicht diskutiert gehören. Im Namen eines allumfassenden Humanismus, der auf den Einzelnen keine Rücksicht nehmen kann, bricht das Gewölk der neuen Zeit sich Bahn.

Doch all das Gerede von der Zukunftszugewandtheit, von den kommenden Kindern und Generationen, deren Wohl und Wehe 2050 von heutiger Politik bestimmt wird, all das ist nur Pose. Tatsächlich richtet sich der Blick der Herrschenden stur in die Vergangenheit.

Das ergibt sich bereits aus dem Selbstbild der Berliner Republik als Gegenentwurf zur zwölfjährigen Lemurenherrschaft. Das ist der Grund, warum die Herausforderungen des frühen einundzwanzigsten Jahrhunderts mit der ewigen Verhinderung des 30. Januar 1933 beantwortet werden. Was inzwischen dazu geführt hat, daß nicht länger ein bescheidenes Fußballspiel den »Gründungsmythos« (!) des neuen Deutschlands darstellt, sondern der vor mehr als siebzig Jahren verübte Anschlag auf die Menschlichkeit: Auschwitz. Es ist die passende Räson für einen Staat, der es sich im Namen des Guten zum Ziel gesetzt hat, das Böse in der Welt, vor allem aber in sich, rigoros, bis hin zur Selbstvernichtung zu bekämpfen. Ohne Rücksicht auf Verluste.

Da aber derjenige, der das Böse bekämpft, irgendwann selbst böse wird, haben sich die aktuellen Machthaber zwischenzeitlich selbst auf die ausgetretenen Pfade nach Köppelsbleek begeben. Wie besorgniserregend weit sie auf diesem Weg bereits vorangekommen sind, offenbart Jüngers Gang in den Wald.

Das beginnt damit, daß »ununterbrochen fragenstellende Mächte [...] an uns [herantreten]. Und diese Mächte sind nicht nur von idealer Wißbegier erfüllt. [...] Sie legen nicht auf unsere Lösung, sie legen auf unsere Antwort Wert. Das ist ein wichtiger Unterschied.«[48]

Wie wichtig, das zeigt eine Gegenwart, in der unablässig mittels Umfragen Meinungen, Vorstellungen und Wün-

---

48 A.a.O., S. 7f.

sche sondiert werden. Dabei geht es allerdings weniger um Erkenntnisgewinn oder gar um vielleicht alternative Ansätze zur Problemlösung. Vielmehr versorgt die Demoskopie die Machenschaften der tonangebenden Eliten verläßlich mit herbeigefragter Legitimation. In der Berliner Republik hat sich das Wesen der Frage von einem Instrument zur Schließung von Wissens- und Verständnislücken zu einem der Fahndung entwickelt. Bist du dafür oder etwa dagegen? Im Kern geht es immer um ein Bekenntnis im Sinne der Mächtigen. Daran – und das betrifft mittlerweile auch das Schweigen als eine Antwort – entscheidet sich, wer dazugehört und wer nicht. Wird es nicht oder in nicht ausreichender Zahl abgelegt, werden umgehend Umfragen abgebrochen, Kommentarspalten abgeschaltet, Threads gelöscht und nonkonforme Antwortgeber an den Pranger gestellt. Schließlich liegt »die Kunst der Führung [...] nicht nur darin, die Frage richtig zu stellen, sondern zugleich in der Regie, die monopolistisch ist. Sie hat den Vorgang als überwältigenden Chorus darzustellen, der Schrecken und Bewunderung erregt.«[49]

Wobei dieser Chorus niemals einhundert Prozent umfassen darf. Wo es nur Gerechte gibt, hört die Bewegung auf. Das gilt um so mehr für die Berliner Republik. Als Projekt einer Bewegung, die auf dem Weg in die Auflösung den Staat als vorübergehendes Gefährt benutzt, kennt sie nur eine Losung: Vorwärts, vorwärts! Davon hängt ihre Existenz ab. Also darf es keinen Stillstand geben. Weshalb auch »der Nachweis wichtig [ist], daß die Freiheit Nein zu sagen

---

49 A.a.O., S. 10.

[...] nicht ausgestorben ist.« Die Nein-Sager unterhalten »die ununterbrochene Bewegung [...], auf welche Diktaturen angewiesen sind.« Ohne sie geht es nicht, denn »Diktaturen können von der reinen Zustimmung nicht leben«.[50]

Wie genau dies funktioniert, ist wiederum in der Berliner Republik zu besichtigen. Hier gehört das Bekenntnis zum verfassungsmäßig verbrieften Recht auf freie Meinungsäußerung, zumal im öffentlichen Raum, zum Kernbestand des leviathanischen Phrasenvorrates. Wie es sich aber wirklich damit verhält, veranschaulicht der stets folgende Hinweis, wonach der, der sich dieses Rechtes bedient, auch die Konsequenzen dafür zu tragen hat. Es ist die alte Leier der Dirigenten des spontanen Volkszorns. Und deshalb werden die zugelassenen und alimentierten Zornigen auch mit extra angemieteten Reisemöglichkeiten zum Ort ihres Wutausbruchs transportiert, den jene dann widerspruchslos zu ertragen haben, die die angeblich verbrieften Rechte in Anspruch nehmen beziehungsweise aus Sicht des Gewölks mißbrauchen.

Wer sich aber davon nicht beeindrucken läßt und dennoch gegen die Bewegung aufbegehrt, sieht sich, über die zivilgesellschaftlichen Sanktionen hinaus, recht bald in einem Mechanismus gefangen, in dem der Andersdenkende nicht nur als gesellschaftlicher Paria um seine gesamte Existenz bangen muß. Sondern in dem er überdies noch, statt zur Schwächung, unfreiwillig zur Stärkung des leviathanischen Gewölks und der Beschleunigung des Auflösungsprozesses beiträgt.

---

50 A.a.O., S. 11f.

Es funktioniert nach dem immer gleichen Muster. Zunächst einmal erbringt die oppositionelle Meinungsäußerung den Nachweis demokratischer Gepflogenheiten, weshalb keine Talk- und Diskussionsrunde ohne Quotenoppositionellen mit Feigenblattfunktion auskommt. Als solcher ist er mit vier, fünf Vertretern des aktiven Nihilismus plus Jubelperserpublikum konfrontiert, die daraufhin an ihm die schier überwältigende Zustimmung, eben jenen Chorus, demonstrieren, auf den sich das Gewölk zu stützen behauptet. Darüber hinaus dient der Andersdenkende dazu, eine jede gesellschaftspolitische Frage, egal wie nichtig und belanglos sie ist, zu einer existentiellen Entscheidung zwischen Zukunft und Vergangenheit, zwischen neuer und alter Welt, zwischen Gut und Böse zu stilisieren. Dabei schreckt man auch nicht vor grotesken Lächerlichkeiten zurück. So ist es nicht weniger als tiefsitzender Menschenhaß, der sich hinter der Ablehnung von beispielsweise offensichtlich homosexuellen Ampelmännchen verbirgt. Weshalb die Befürworter geschlechtsneutraler Figuren in Wirklichkeit nach Neuauflage eines Reichs streben, in dem wahlweise Frauen und Journalisten unterdrückt sowie Homosexuelle, Minderheiten, Ausländer und/oder Moslems in toto beseitigt werden sollen. Dem zu wehren ist folglich moralische Notwendigkeit. Daher gilt: Jetzt erst recht! Der nächste Schritt, der große Sprung nach vorn muß getan werden! Auf in die neue Zeit!

Das führt zu einer weiteren Ingredienz maschinenweltlicher Totalvereinnahmung: dem Neuen Menschen. Traditionell ist er menschgewordene Zukunft. In der Berliner Republik entspricht seine Ausstattung ganz den

Auflösungsbestrebungen der Zeit. Gekleidet in das zeitgemäß bunte Gewand eines entgrenzten Weltbürgers, ist er hinsichtlich seines Geschlechts, seiner Sexualität, Herkunft und Heimat ohne eindeutige Identität, dafür aber tolerant, vernetzt und aufgeklärt rational, weshalb er sich auch stets der Schuld bewußt ist, die seine bloße Existenz gegenüber Natur, Tieren und anderen Menschen mit sich bringt. So aufs Diesseits fixiert, hat er alles Metaphysische abgelegt. Er ist sich selbst das höchste Wesen, seine Tempel sind Stadien, Fitneßstudios und Swingerclubs. In ihnen sind Fetische sinnstiftend, ist Spaß zum Lebensziel, das Event zur spirituellen Erfahrung sowie eine Bildschirmdiagonale von siebenundvierzig Zoll und Hunderte TV-Kanäle zum Inbegriff von Glück und Erfüllung erhoben. – Das Dienstkleid des Neuen Menschen ist übersät von glitzernden und lärmenden Neurosen. Was aber nichts an der sklavischen Termitenexistenz ändert, die sich wie bei all den anderen Neuen Menschen, die den Hirnen kleinbürgerlicher Welterlöser entsprungen sind, unter der Kostümierung verbirgt.

Um ungeachtet dessen Botschaft und Lehre der Neuen Kreatur trotzdem so tief wie möglich in den Köpfen der Menschen zu verankern, bedienen sich die Machthaber immer unverhohlener jener »Untergattung der Technik«, nämlich der Propaganda, durch die »die Institutionen sich in Waffen des Bürgerkrieges umwandeln«.[51]

Die Rhetorik, die dabei Verwendung findet, weckt in ihrem hohlen Pathos besorgniserregende Assoziationen. Frieden, Freiheit, Gleichheit, Gerechtigkeit und Mensch-

---

51 A.a.O., S. 85.

lichkeit, möglichst im globalen Maßstab – das ist das Vokabular der politischen Bauernfängerei. Wer Menschheit sagt, will betrügen. Und moralisch erpressen. Denn wer wäre nicht dafür? »Er müßte ein Unmensch sein. Das teilt dem Nein schon einen kriminellen Charakter mit. Der schlechte Wähler gleicht dem Verbrecher, der zum Tatort schleicht.«[52] Dabei »gibt [es] kein großes Wort und keinen edlen Gedanken, in dessen Namen nicht schon Blut vergossen worden ist.«[53] Doch das ficht das Gewölk nicht an. Unverdrossen ziehen sie nach totalitärer Väter Sitte sprachlich in den Kampf für Anständigkeit und gegen Unanständigkeit, für das Helle und gegen die Dunkelheit, für das Gute und gegen das Böse.

Dabei ist es »das natürliche Bestreben der Machthaber, den legalen Widerstand und selbst die Nichtannahme ihrer Ansprüche als verbrecherisch darzustellen. [...] Dazu gehört auch, daß sie in ihrer Rangordnung den gemeinen Verbrecher höher stellen als jenen, der ihren Absichten widerspricht.«[54] Islamkritiker, Befürworter gesicherter Landesgrenzen oder auch Verfechter der Familie als gesellschaftliches Rückgrat wissen, was dies bedeutet. Sie sind Paria, sozial Geächtete, gemeingefährliche Phobiker, die weit weniger gelten als mordende Pädophile. Immerhin können die ja behandelt werden. Die geistigen Republikflüchtlinge hingegen sind in böswilligster Art unbelehrbar. Hätten sie doch nur betrogen, sich bestechen lassen, Gelder veruntreut, Steuern hinterzogen, einen Meineid geleistet oder Zwangs-

---

52 A.a.O., S. 14.
53 A.a.O., S. 56.
54 A.a.O., S. 86f.

prostituierte ausgebeutet, sich aber ansonsten als treuer Konsensgenosse erwiesen – einem Bundestagsmandat oder gutdotierten Job bei den Verlautbarungsorganen des aktiven Nihilismus stünde nichts im Wege. So aber ist nichts zu machen.

Und weil man nicht früh genug damit beginnen kann, den Neuen Menschen zu formen, sind die ersten Ziele leviathanischer Erziehungspropaganda Kinder und Jugendliche. Erzieher und Lehrer – seit jeher Stützen einer jeden totalen Herrschaft – bilden sie ganztägig in Kitas und Schulen für ein Leben als Verfügungsmasse im Dienste des Nichts aus. Dazu sollen Identitäten, bestenfalls schon im frühkindlichen Alter, in Frage gestellt und gebrochen, sollen individuelle Persönlichkeiten zu bewußtlosen Schwarmmitgliedern entgrenzt werden. Ist das erreicht, folgt die Implementierung von reinem Funktionswissen, um später als Apparat unter Apparaten »das Soll [zu] erfüllen und nicht von der Norm ab[zu]weichen«.[55] Anderes ist nicht von Belang. Die leviathanischen »Pulverisierungen« setzen weder Bildung noch Charakter voraus, die beide den Automatismus eher schädigen. Wo daher in der Werkstättenlandschaft auf die Macht geboten wird, erhält derjenige den Zuschlag, in dem sich das Bedeutungslose durch starken Willen überhöht.«[56] Und dem geht es darum, von Beginn an alles, was Zweifel säen oder Wahlmöglichkeiten eröffnen könnte, erst gar nicht aufkommen zu lassen. Deshalb wird in

---

55 A.a.O., S. 28.
56 A.a.O., S. 25.

Zeiten der Alternativlosigkeit der Geschichtsunterricht abgeschafft, Religion durch Ethik ersetzt und zeitgeistige BDSM-Belletristik als Literatur behandelt. »Die Absicht in allen Systemen richtet sich auf Unterbindung des metaphysischen Zustroms, auf Zähmung und Dressur im Sinne des Kollektivs.«[57]

Das gilt ebenso außerhalb der Erziehungsanstalten. Rund um die Uhr trommelt das Agitprop-Bombardement auf den Einzelnen hernieder. Alle Kommunikationskanäle werden permanent und flächendeckend bespielt. Es gibt kein Entkommen. Bis tief hinab in die Freizeitgestaltung eines jeden Einzelnen reicht die propagandistische Überwältigungsstrategie des Gewölks. Künstler, Sportler oder sonstige Prominente, Proficlubs, Orchester oder Theater ermahnen regelmäßig ihre Fans, Besucher und Follower im Sinne des aktiven Nihilismus zu denken und zu handeln; vom Dorfverein über freiwillige Feuerwehren bis hin zu Kegelclubs oder Karnevalsgilden – in keiner Vereins- oder Clubzeitschrift darf der Hinweis auf Konformität mit dem bunten Konsens fehlen. Und auch Unternehmen, Global Player wie Einzelhändler, werden nicht müde, ihre Mitarbeiter zum richtigen Denken und Meinen sowie ihre Kunden mittels Presseaussendung, einer wirkungsvoll angebrachten Präambel auf der Homepage oder eines Hinweises auf der Speisekarte zum moralisch einwandfreien Handeln nach den Vorgaben des Neuen Menschen anzuhalten. Das typisch leviathanische Kalkül dahinter: Dem Einzelnen gegenüber soll gleichermaßen moralische Übermacht als auch

---

57 A.a.O., S. 57.

Allgegenwart des Kollektivs demonstriert werden. Du bist nichts, das Wir alles.

Und es wirkt. Längst sind öffentlich zur Schau gestellte Ergebenheitsadressen an den Neuen Menschen oder entsprechend bunte Bekenntnisse fester Bestandteil jedweder Kommunikation. Wer sich dem enthält, macht sich verdächtig. Dafür bedarf es noch nicht einmal der offenen Gegenrede. Es genügt bereits zu schweigen, um in den Ruch eines Saboteurs des gesamtgesellschaftlichen Konsenses zu geraten. Daher sollen es alle mitbekommen: man ist anständig, kein Abweichler, statt dessen linientreu, der aktive Nihilismus kann sich auf ihn oder sie verlassen. »Und mit Entsetzen ahnt man, daß es keine Gemeinheit gibt, der sie nicht zustimmen werden, wenn es gefordert wird. Darunter sieht man kräftige, gesunde Männer, die wie Wettkämpfer gewachsen sind. Man fragt sich, wozu sie Sport treiben.«[58]

Dazu paßt, daß sich zeitgleich das Netz von Denunziationsinstanzen immer weiter verdichtet. Es bedarf mittlerweile nur mehr eines Mausklicks, um nonkonformes, unanständiges Verhalten im Alltag, im Arbeits- wie im Privatleben umgehend und anonym zur Anzeige zu bringen. Die Auswahl an Plattformen ist reichhaltig, und die Empfänger sind dankbar. Und wenn es ganz schnell gehen muß, erfreuen sich die virtuellen Wiedergänger des Prangers wachsender Beliebtheit. Aber auch Facebook, Twitter und alle anderen sozialen Netzwerke haben sich als Meldestelle für Verfehlungen jedweder Art bewährt. Ob eine solche tatsächlich stattgefunden hat oder nur erfunden wurde, tut

---

58 A.a.O., S. 34.

dabei genausowenig zur Sache wie Recht und Gesetz. Statt dessen genügt die bloße Behauptung.

Das führt zu dem notorischen Heer von Unterstützern, die seit jeher ihre prinzipiell terroristischen Gemüter nur allzu gerne im Namen einer angeblich höheren Moral gegen Anderslebende, Andersdenkende und Andersaussehende in Anschlag bringen. Sie sind »meist ethisch und geistig nicht sehr entwickelt [...], obwohl es [...] an überzeugenden Gemeinplätzen nicht fehlt.« Gleichzeitig aber sind sie »wach, intelligent, tätig, mißtrauisch [...], geborene Erniedriger höherer Typen und Ideen, bedacht auf [ihren] Vorteil, [...] leicht lenkbar durch die Schlagworte der Propaganda [...] erfüllt von menschenfreundlichen Theorien, doch ebenso geneigt, zur furchtbaren, weder durch Recht oder Völkerrecht begrenzten Gewalt zu greifen, wo Nächste und Nachbarn nicht in [ihr] System passen.«[59]

Seitdem das Kollektiv über den Einzelnen erhoben wurde, kommt kein Leviathan ohne derartige Typen aus. Sie sind die namenlosen Künder der Botschaft der neuen Zeit und Kreatur. Und sorgen gleichzeitig dort für ideologische Hygiene, wohin der Arm des Leviathans trotz aller Vereinnahmung nicht hinreicht: im Privaten. Das Politische wird durch sie privat und das Private politisch.

Damit schaffen sie die Voraussetzung zur gesellschaftlichen Etablierung und Verfestigung totalitärer Herrschaft. Mit ihnen dringt »die Ausspähung [...] in jeden Block, in jedes Wohnhaus vor«.[60] Da sind sie Staatsanwalt und Rich-

---

59 A.a.O., S. 65.
60 A.a.O., S. 23.

ter in einem. Ihre bloße Feststellung überführte früher den Klassen- beziehungsweise Volks- und heute den Menschenfeind. Es genügt bereits der Hinweis auf gültige Rechtsordnungen, um sich gegenüber den ehrenamtlichen Inquisitoren der Menschenfeindschaft schuldig zu machen. Verteidigung unnötig, ja gefährlich, sie wäre nur Bestätigung von Anklage und Urteil. Einziger Ausweg: Widerruf mit anschließender öffentlicher Selbstbeschmutzung, dann ist eine Rückkehr zur Ameisenexistenz möglich, freilich nur auf Bewährung.

In der öffentlichen Selbstbezichtigung liegt, ebenfalls der Tradition entsprechend, der Triumph des leviathanischen Gewölks. Nichts sieht es lieber, als wenn »das Individuum als sein eigener Polizist [auftritt] und an seiner eigenen Vernichtung [mitwirkt]«.[61] Was im übrigen über die niedere persönliche Befriedigung hinaus noch den Vorteil hat, daß die Demütigung des einen gleichzeitig eine Mahnung für den anderen ist. Das ist ebenfalls nicht neu. Erfahrungsgemäß eignet sich das Damoklesschwert bestens zur Disziplinierung von Gefolgschaften. Niemand kann und darf sich sicher sein. Das ist das Prinzip diktatorischer Bewegungen.

In der Berliner Republik allerdings betrifft die Vernichtung vorerst nur die wirtschaftliche und soziale Existenz. Dazu reichen schon kleine Interviewfetzen, kurze Textpassagen, falsch formulierte Posts, Tweets oder sogar ein einzelnes Wort. Dann nimmt die Verleumdungsmaschinerie ihre Arbeit auf. Es steht zu befürchten, daß es dabei nicht bleiben wird. Die Welt ist nun mal »so beschaffen, daß im-

---

61 Ebd.

mer wieder das Vorurteil, die Leidenschaften Blut fordern werden. […] Man wird hinausgeführt, weil man die Götter verachtete, dann weil man ein Dogma nicht anerkannte, dann wieder, weil man gegen eine Theorie verstieß.«[62] Infolgedessen wird die selbsternannte nächsthöhere Entwicklungsstufe des verstandesbegabten Schimpansen den Kampf gegen das vermeintliche Auslaufmodell in dem Maße eskalieren, in dem sich die Nivellierung dem Zentrum des Menschseins annähert. Dann wird es brenzlig. »Die Lage des Haustiers zieht die des Schlachttiers nach sich.«[63]

Noch aber liegen die Schinderhütten hinter dem Horizont. Jedoch weiß niemand, wie weit. Die Verrohung greift jedenfalls um sich. Andersdenkende werden zunehmend entmenschlicht, zu Pack oder gleich Ratten herabgewürdigt. Sie sind Nazis, Rassisten, Unmenschen und überhaupt Feinde des Menschengeschlechts. Der humanitäre Imperativ ist da eindeutig. Weshalb auch der Umgang mit Andersdenkenden im Alltag rauher wird. Ihnen werden Konten verweigert, sie verlieren ihre Arbeitsplätze, finden keine Wohnungen, werden von den Tugendwächtern des Neuen Menschen steckbrieflich zur Fahndung ausgeschrieben, und natürlich kann gegen sie zur Gewalt aufgerufen werden bis hin zur symbolischen Ermordung auf den Theaterbühnen der Berliner Republik.

Hilft das alles nichts, treten jene leviathanischen Tugendwächter auf den Plan, die in der typisch schwarzen Uniform des aktiven Nihilismus für die Aufrechterhaltung

---

62 A.a.O., S. 56.
63 A.a.O., S. 29.

der bunten Friedhofsruhe verantwortlich zeichnen. Ganz so, als gelte es zu beweisen, »daß [...] gerade das Kollektiv als das Unmenschliche auftritt«,[64] greifen sie Wahlkampfstände und Politiker an, sprengen sie Lesungen, Vorträge und Vorlesungen, zünden Autos und Bürgerbüros an, verprügeln Senioren und schießen auf Plakatierer. Gesetzesbrüche gegen Andersdenkende bis hin zu körperlichen Übergriffen sind legitim, schließlich haben die Opfer diese ja selbst verschuldet. Warum mußten sie auch provozieren? Wobei der Umstand, daß letzteres inzwischen nicht mehr nur für die üblichen »Menschenfeinde« gilt, bereits auf eine Verschärfung der Gangart hindeutet. Die Kommentare von Teilen des aktiven Nihilismus auf das Massaker in den Redaktionsräumen von Charlie Hebdo lassen es jedenfalls vermuten.

Daß der weiteren Eskalation Einhalt geboten wird, ist indes nicht zu erwarten. Eher ist mit einer Verschärfung der Situation zu rechnen. Das Gewölk mobilisiert. Nonkonformistische Aufkleber rufen den Staatsschutz auf den Plan, Religionskritiker Polizei und Gerichte. Facebook hat eine eigene, private Zensurbehörde bekommen, der die Fahndung nach sogenannten »Haßkommentaren«, also oppositionellen Meldungen, obliegt; derweil solidarisieren sich Minister offen mit Gesinnungsschlägern und Zeitungen bringen Dankeshymnen auf deren politisch motivierte Gewalt aus. Auf dem Weg in die Auflösung marschieren die Fraktionen des leviathanischen Gewölks Seit' an Seit'. Das bereits initiierte und ebenfalls in unseliger Tradition stehen-

---

64 A.a.O., S. 61.

de Gesinnungsstrafrecht wird in absehbarer Zeit die Reihen noch weiter schließen. Dann »gibt es kein hoffnungsloseres Schicksal, als in einen solchen Ablauf zu geraten, in dem das Recht zur Waffe wird.«[65]

Für den Einzelnen bedeutet dies, daß der Boden, auf dem er sich einst gefahrlos und sicher bewegte, bedenklich ins Schwanken geraten ist. Nichts ist mehr gewiß, alles ist in Bewegung, Sicherheiten schwinden, ebenso Rückzugsräume. Während die neuen Regeln und Ordnungen noch im Dunkeln der Katastrophe liegen, aus der sie einmal hervorgehen werden, zerfasern die Verhältnisse, werden die althergebrachten Normen und Werte von den seichten Emotionen einer augenblickgetriebenen Masse verlacht, verhöhnt und zertrümmert.

Das einzige, was zählt, ist die Gegenwart. Und die ist sinnlos, weil abgeschnitten von dem, was ihr Gehalt verleiht, von Herkunft, Vergangenheit und erst recht vom Metaphysischen. Die Identität der digitalen Einheitskreatur reicht nicht tiefer als bis zum letzten Programm-Update. Darüber hinausgehenden Symbolen begegnet sie mit totem Blick, Traditionen mit dumpfem Unverständnis und Brauchtum mit hohler Arroganz. Intellektuelle Borniertheit gehört eben zu den traditionellen Kennzeichen des moralischen Automatismus.

Die Berliner Republik macht da keine Ausnahme. In ihr überprüfen Kirchenvertreter, Soziologen und Philosophen die Konformität naturwissenschaftlicher Forschungen. Ihr Urteil ist verbindlich. Was der leviathanischen Don't-be-

---

65 A.a.O., S. 26.

evil-Doktrin widerspricht, verfällt dem wissenschaftlichen Orkus. Wen interessiert da schon die Energieversorgung des Landes oder die Sicherheit des Standortes, der gerade und vor allem von wissenschaftlicher und technischer Innovationskraft lebt? Den humanitären Imperativ sicherlich nicht.

Wie aber soll und kann man sich dem aktiven Nihilismus und dessen Machenschaften widersetzen? Zumal als Einzelner? Handelt man sich da nicht nur unnötigen Ärger ein? Und in der Tat: Staat, Ämter, Vereine, Kirchen, Gewerkschaften, Beauftragte, Kollegen, Nachbarn, Bekannte und Freunde – die neu-menschliche Phalanx ist ja nicht gerade ermutigend. Ist es da nicht besser, und vor allem sicherer, sich anzupassen, die verordneten Präambeln im dafür vorgesehenen Jargon des glücklichen Sklaven herunterzuleiern und ansonsten die Klappe zu halten? Beziehungsweise jedes Wort genau abzuwägen, am Arbeitsplatz genauso wie in privater Runde oder gegenüber den eigenen Kindern. Wie schnell ist in Kita und Schule etwas ausgeplaudert, an dem Erzieher und Lehrer ihre Zivilcourage erproben können. Nur keinen Verdacht erregen. Nur kein Menschenfeind sein!

Zumindest nicht offiziell. Im scheinbar Verborgenen existiert dann aber doch ein Fake-Account bei Facebook oder auf Twitter, über den man, anonym, hinter verschlossenen Türen und zugezogenen Vorhängen, seinen Ärger und seine Wut in die Welt hinauskotzt.

Doch auch das bringt nichts. Wie gesehen, ist es kontraproduktiv. Derartige Wortmeldungen in der virtuellen Öffentlichkeit, egal ob sachlich oder polemisch oder beleidigend vorgetragen, richten gegen den Neuen Menschen und seine Gesellschaft nichts aus. Er kann sich auf sie berufen. Entweder zu Propagandazwecken oder um die nächste Stufe leviathanischer Repression zu zünden. »Der Widerstand scheint die Gewaltigen zu beleben, gibt ihnen Zugriff und Gelegenheit.«[66]

Es hat den Eindruck, als wäre die Lage aussichtslos, der Neue Mensch übermächtig und die Schußfahrt ins Nichts nicht aufzuhalten. Diesmal scheint es kein Kraut gegen die Umerziehung des Menschen zum eusozialen Untertanen-Insekt zu geben.

Nichtsdestotrotz existiert es. Und zwar im Jüngerschen Wald.

---

66 A.a.O., S. 28.

Der Waldgänger

Wer sich heute dazu entschließt, in den Wald aufzubrechen, steht allerdings vor ungleich größeren Herausforderungen als jener, der sich vor einem Rentenalter dorthin aufmachte.

Die Ausgangssituation hat sich im großen wie im kleinen grundlegend gewandelt. Während im dritten Jahr der Bonner Republik die kriegsüberdauernden personellen wie ideologischen Kontinuitäten die künftige planetarische Zweiteilung bereits erahnen ließen, sieht sich der Zeitgenosse im Jahr achtzehn der Berliner Republik mit einer vollkommen unübersichtlichen Weltlage konfrontiert, von der niemand zu sagen weiß, welche Überraschungen und Umwälzungen selbst in nächster Zukunft daraus erwachsen werden. Nur eines ist sicher: Es wird unruhig. Die Zeichen der Zeit stehen auf Sturm.

Was für den Einzelnen um so bedrohlicher ist, da der heutige Mensch weit mehr als alle Generationen vor ihm von den Auswirkungen internationaler Politik betroffen ist. Wenn von den rund zweihundert Häusern des globalen Dorfes mehr als ein Viertel bereits in Flammen steht, und wenn da, wo einst zwei Feuerwehren waren, heute nur eine Anzahl unzureichend ausgerüsteter lokaler Brandwehren existiert, so bleibt das moderne Individuum davon nicht unberührt. Es kann sich nicht damit beruhigen, daß

der Brandherd weit hinten auf der Landkarte liegt. Es ist
mittendrin.

Hinzukommt, daß zeitgleich im Innern der aktive Nihilismus als leviathanisches Gewölk im Hochgeschwindigkeitszug des zivilisatorischen Prozesses in Richtung
absoluter Nullpunkt schießt. Dabei lösen sich die gesellschaftlichen Fundamente im Hochfrequenztakt der digitalisierten Maschinenwelt unwiederbringlich auf. Nichts ist
von Bestand, kein Prinzip, keine Gewißheit, kein Gesetz
und keine Ordnung oder Regel. Alles ist relativ, bis hinein in die völlige Leere. Die Folgen sind bereits zu spüren.
Gewalt, Faustrecht und Willkür nehmen zu, Sicherheiten
schwinden.

Vom Einzelnen fordert das so beginnende neue Zeitalter volle Aufmerksamkeit, sein ganzes Ich. Wo Jünger noch
Rückzugsräume für seine metaphysischen Fluchten fand,
zwingt die digitale Revolution die Revolutionierten, den
Blick stur auf den Bauchnabel gerichtet, in das rasende Jetzt
des Niedergangs.

Um so entrückter und realitätsfremder mag Jüngers Gegenentwurf heute, drei Generationen nach seiner Nieder-
schrift, wirken. In der Berliner Republik ist der göttliche
Funke weitestgehend ausgeglommen. Und nichts erscheint
unzeitgemäßer, als ihn wieder entfachen zu wollen. Doch
genau darum geht es dem freien Einzelnen, dem Waldgänger. Bei ihm steht das So-Sein gegen das Da-Sein, das unver-
äußerliche Selbst gegen den bloßen Schein.

Das macht aus dem Waldgänger die heute mehr denn je
notwendige, radikale Antithese zur Mensch-Maschine. Als
solche beantwortet er Total-Vereinnahmung mit Total-Ver-

weigerung, Kollektivismus mit Vereinzelung, moralischen Automatismus mit geistigem Partisanentum und die fluide Persönlichkeit des Neuen Menschen mit einer höchst individuellen Identität, die in genau dem fest verwurzelt ist, was das leviathanische Gewölk aufzulösen trachtet: dem Überzeitlichen, Ewigen. Beim Waldgang geht es »nicht mehr um Zahlenverhältnisse, sondern um Seinsverdichtungen, und somit treten wir in eine andere Ordnung ein«.[67]

Daß sich der freie Einzelne dabei, obwohl eigentlich auf verlorenem Posten stehend und trotz der erdrückenden Übermacht, auf Augenhöhe mit seinem Kontrahenten, dem Neuen Menschen, befindet, zeigt die Sprachlosigkeit, die Jünger bei der Definition des absoluten Nichts genauso überkommt wie bei der unbeschreiblichen Überfülle des Seins, die den Waldgänger am Ende seines Wegs erwartet. Hier tritt das eine Absolute gegen das andere an.

Diese Auseinandersetzung erfordert jedoch einen Typus von Menschen, wie er nicht allzuoft auftritt. In ihm kommt einiges zusammen: er fühlt sich vereinzelt und den Vorgängen der Zeit ausgeliefert. Jedoch ist er nicht gewillt, dies hinzunehmen; der Waldgänger ist bereit, wenn nötig Widerstand zu leisten, aber dann unter allen Umständen und mit allen ihm gegebenen Mitteln.

Daß der Gang in den Wald eigentlich »nur Spielraum kleiner Eliten [ist], die sowohl wissen, was die Zeit verlangt, als auch noch etwas mehr«,[68] sollte indes nicht davon abhalten, ihn anzugehen. Denn der Waldgang fängt schon früher

---

67 A.a.O., S. 22.
68 A.a.O., S. 21.

an. »Wenn alle Institutionen zweifelhaft oder sogar anrüchig werden, […] dann geht die sittliche Verantwortung auf den Einzelnen über oder, besser gesagt, auf den noch ungebrochenen Einzelnen.«[69]

Da können auch jene mit, die für sich den Zugang zum Wald durch den Rekurs auf das Numinose blockiert sehen. Ihnen können die verschiedenen Etappen der Jüngerschen Exkursion ins Ungebahnte ebenfalls Anleitung sein, sich der leviathanischen Total-Vereinnahmung zu widersetzen, den Stürmen der Zeit zu trotzen und dabei ihre persönliche Freiheit zu verteidigen.

Dazu imstande ist grundsätzlich jeder »freie Mensch, so wie ihn Gott erschaffen hat. Dieser Mensch ist keine Ausnahme, stellt keine Elite dar. Er verbirgt sich vielmehr in jedem.«[70] Und zeigt sich unter anderem darin, daß die alten Instinkte, die den Unterschied zwischen tatsächlichem Zustand und der propagandistischen Behauptung noch kennen, nicht verloren sind. Daß selbst in der Berliner Republik noch derartige tiefsitzende Witterungen existieren, darauf deutet der Ausverkauf legaler Waffen im Anschluß an die Angriffe zu Silvester auf der Kölner Domplatte hin. Man weiß, was bevorsteht, ganz gleich, ob das Gewölk derartige Empfindungen verboten hat. Hier liegt eine erste Voraussetzung, um in den Wald aufzubrechen.

Zunächst ist festzustellen, daß der Wald als Heimat des Widerständigen, des freien Einzelnen, desjenigen, »der ein ursprüngliches Verhältnis zur Freiheit besitzt«,[71] über-

---

69 A.a.O., S. 83.
70 A.a.O., S. 37.
71 A.a.O., S. 30.

haupt als »Ort der Freiheit«[72] keinen festen Platz kennt. Als Synonym für das Innerste des Menschen, für jene tief im dunkeln liegenden Bereiche des Selbst, in denen fernab des rasenden Jetzt Ruhe, Sicherheit und Frieden herrschen, unterliegt sein Ort keinerlei Beschränkung. Der Wald kann überall sein: auf dem platten Land, in der Großstadt, auf einem Schiff, in einem ICE, in einer Reihenhaussiedlung oder am Arbeitsplatz. Es liegt ganz im Ermessen desjenigen, der sich dorthin zurückziehen will.

Allerdings bedarf es zum erfolgreichen Waldgang zweier Eigenschaften, und die verdeutlichen, warum zwar prinzipiell jeder Mensch im Wald »schläft«,[73] aber es nicht allen gegeben ist, aus diesem Schlummer zu erwachen und tiefer in die Wildnis vorzudringen. Die eine besteht darin, sich »durch keine Übermacht das Gesetz vorschreiben [zu lassen], weder propagandistisch noch durch Gewalt«. Die andere in dem unbedingten Willen, sich unter Ausnutzung der Möglichkeiten von Gegenwart und Vergangenheit gegen die leviathanische Total-Vereinnahmung zu verteidigen, so aussichtslos die Lage auch sein mag. Erst wenn diese Voraussetzungen erfüllt sind, »kann der Waldgang gewagt werden«.[74]

Was aber ist darunter zu verstehen, unter dem Waldgang? Laut Jünger betrachten wir hierin »die Freiheit des Einzelnen in dieser Welt«. Gemeint ist damit »die bewußte Übereinstimmung mit der Existenz und die als Schicksal empfundene Lust, sie zu verwirklichen«.[75] Frei ist also der, der

---

72 A.a.O., S. 37.
73 A.a.O., S. 37.
74 A.a.O., S. 40.
75 A.a.O., S. 87.

nach seinen persönlichen Vorstellungen lebt. Dies aber läßt sich nicht kollektivistisch, sondern nur individualistisch ausdeuten. Das Motto des Waldgängers lautet nicht: Volk, steh auf! Sondern: Erkenne dich selbst! Somit eignet sich der Waldgang nicht zur Anleitung für einen wie auch immer gearteten nationalen Befreiungskampf. Aber selbst wenn tatsächlich mal ein ganzes Volk geschlossen den Gang antreten würde, wäre dies ein überaus defensives Unterfangen. Die innere Emigration ist naturgemäß nicht nach außen gerichtet, schon gar nicht kennt sie missionarische Absichten.

Als freier Einzelner sucht der Waldgänger vielmehr seinen ganz individuellen Platz in überzeitlichen Zusammenhängen sowie daraus sein Verhältnis zu den Erscheinungen und Gegebenheiten der aktuellen Zeit zu bestimmen. Dafür wechselt er »aus einer statistisch faßbaren Ordnung [...] in [eine] unsichtbare«[76] hinüber, wo er sich dem leviathanischen Zugriff zu entziehen vermag.

Um das zu erreichen, tritt er zum einen »aus dem Rahmen der alten Mehrheitsvorstellungen« heraus und beginnt zum anderen mit seinem Abstieg zu den Ursprüngen. Der Waldgang ist »weder ein liberaler noch ein romantischer Akt«,[77] sondern ein existentieller. Er ist ein Akt permanenter individueller Selbsterkenntnis und damit -befreiung. Als solcher ist er kein Lustwandeln, kein Idyll, statt dessen ist er ein Gang voller dämonischer Überraschungen und bedrohlicher Gefahren. Nach Jünger ist »der Waldgang [...] in erster Linie Todesgang. Er führt hart an den Tod heran – ja wenn

---

76 A.a.O., S. 23.
77 A.a.O., S. 21.

es sein muß, durch ihn hindurch. Der Wald als Lebensort erschließt sich in seiner überwirklichen Fülle, wenn die Überschreitung der Linie geglückt ist.«[78] Spätestens dann, wenn er seine Todesangst überwunden hat, können die Machenschaften der Mächtigen dem Waldgänger nichts mehr anhaben. Er steht darüber. »Die Todesschlange wird zum Stab, zum Szepter dem Wissenden, der sie ergreift.«[79]

Am Beginn des Prozesses, der dorthin führt, und damit am Beginn des Waldganges, steht die Erkenntnis, daß die Mittel der Gegenwart nicht genügen, um dem leviathanischen Gewölk ernsthaft zu widerstehen. Das betrifft vor allem eine Zeitkritik, die es auf konservative Wiederherstellung abgesehen hat. Sie gilt es, zu überwinden und hinter sich zu lassen. Die aktuelle Realität mit Verweis auf ein scheinbar besseres Damals zu bekritteln ist dem Waldgänger fremd. Er trachtet nicht nach Restauration früherer Zustände und Verhältnisse. Schließlich gehen zivilisatorische Umbrüche nun mal nicht ohne entsprechende Verwerfungen ab. Sich dem durch das bloße Beharren auf Vergangenes entgegenstellen zu wollen, ist ein sinnloses und nicht zuletzt kontraproduktives Unterfangen. Denn: »Geburten sind nie ohne Schmerz. Die Prozesse [...] [werden] sich fortsetzen, und wie in jeder Schicksalslage werden alle Versuche, sie aufzuhalten und in die Ausgangslinie zurückzukehren, sie eher fördern und beschleunigen.«[80]

So auch in der Berliner Republik. Hier ist der Vorwurf des Konservatismus in der jüngeren Vergangenheit mehr

---

78 A.a.O., S. 55.
79 A.a.O., S. 53.
80 A.a.O., S. 46.

und mehr zum Verdacht, zum Stigma avanciert. Wer sich dazu bekennt, dient der leviathanischen Öffentlichkeit als Feindbild, das weitere Nivellierungsmaßnahmen rechtfertigt. Daran aber hat der, der in den Wald aufbricht, kein Interesse. Ihn und den klassischen Konservativen verbindet einzig die Überzeugung hinsichtlich der Existenz einer höheren, sinnstiftenden Ordnung. Darüber hinaus aber liegen die Werte, die den Erhalt und die Verteidigung lohnen, in der Zukunft, für ihn persönlich im Wald vor ihm, im gesellschaftlichen Kontext hinter der nächsten Katastrophe, mit der die Phase des heutigen aktiven Nihilismus ihr Ende finden wird.

In der Zwischenzeit hat der Waldgänger keine Berührungsängste mit den Erscheinungen der Zeit. Er begegnet ihnen weder defätistisch noch fatalistisch, vielmehr ist er ihnen gegenüber aufgeschlossen und weiß diese ganz in seinem Sinne zu nutzen. Wie beispielsweise die modernen Technologien. Gewiß, »die Apparaturen sind und bleiben [...] Kulissen der niederen Imagination«,[81] jedoch sind sie zeitgleich ideales Instrument, um sich einen Weg durch den Ur-Wald zu bahnen.

Wo Jünger noch in Antiquariaten, Bibliotheken, Artotheken, Konzerten, Ausstellungen und Ateliers nach einem Riß in der Zeit suchte, der ihm einen Blick auf die dahinterliegende Ewigkeit gewährt, genügen heute ein paar Klicks für die Begegnung mit all den plötzlich gar nicht mehr so unzeitgemäßen Göttern, Halbgöttern und Helden, den Theologen, Philosophen, Künstlern und den vielen, vie-

---

81 A.a.O., S. 37.

len anderen, die sich seit Anbeginn der Menschheit, seit der ersten Höhlenmalerei, ebenfalls auf den Weg gemacht haben. Bis heute. Worin ein weiterer Vorteil der weltweiten Vernetzung liegt. Sie ermöglicht dem Waldgänger das Auffinden von beziehungsweise die Kontaktaufnahme mit Gleichgesinnten.

Allerdings ist Vorsicht geboten. Einmal, weil der freie Einzelne bei seinem Gang nach der Begegnung und dem Erkennen seines Selbst sucht. Das läßt sich nicht im Verband mit anderen erreichen, auch nicht mit anderen Waldgängern. Der freie Einzelne ist einsam und souverän in dieser Einsamkeit, »vorausgesetzt, daß er seinen Rang erkennt. In diesem Sinne ist er der Sohn des Vaters, der Herr der Erde, das wunderbar erschaffene Geschöpf.«[82] Heute wie vor fünfundsechzig Jahren.

Außerdem sucht er sich ja eigentlich der leviathanischen Erfassung zu entziehen. Der Waldgänger agiert im Geheimen, Verborgenen. Das Internet aber ist das Gegenteil davon. Hier ist der gläserne Mensch Realität, nichts bleibt vertraulich, nichts wird vergessen, dafür wird alles überwacht und vor allem gespeichert. Infolgedessen ist jede Kommunikation ein potentielles Risiko. Alles kann und wird beizeiten gegen einen verwendet werden.

Und schließlich bergen die Mittel der Zeit die Gefahr, daß derjenige, der zum Gang entschlossen ist, von der Überfülle an Möglichkeiten schlicht überwältigt wird. Immer wird es noch eine Schrift geben, noch ein Kunstwerk oder eine Musik, die es lohnt, gelesen, betrachtet oder gehört zu werden. Doch

---

82 A.a.O., S. 69.

das sind nur Ablenkungen im Sinne der Herrschenden. Wer konsumiert, denkt nicht oder nicht so, wie es der Waldgang erfordert. Nämlich in langen, ewigen Zügen. So wie jene Großen, die der Waldgänger auf seinem Weg zu Rate zieht. Und die konnten bei der Entwicklung ihrer Vorstellungen von der Welt als Ganzer lediglich auf ein paar wenige Primärquellen zurückgreifen. Ansonsten verließen sie sich auf sich selbst, auf ihr Denkvermögen, ihre Phantasie und Imaginationskraft. Es kann nicht schaden, es ihnen nachzutun, erst recht in Zeiten permanenter nihilistischer Reizüberflutung.

In diesen Zusammenhang gehört auch, daß der freie Einzelne »zugleich den Zugang [...] zu Mächten [offenhält], die den zeitlichen überlegen und niemals rein in Bewegung aufzulösen sind.«[83] An diesem Punkt könnte der potentielle Waldgänger des frühen einundzwanzigsten Jahrhunderts vor einem Problem stehen. Es wird von ihm nichts weniger als die Bereitschaft gefordert, das Absolute, Mythische, die Existenz einer höheren Ordnung zuzulassen, in der alles, vom kleinsten Atom über den Körperbau eines Käfers bis hin zum fernen planetarischen Ballett, dem Tod und dem Leben, eine sinnvolle Gesamtheit ergibt, in die ein jeder eingebettet und deren Ausdruck er zeitgleich ist.

»Auch heute geht die Heilung vom Numinosen aus.«[84] Es ist jenes andere, ewige Prinzip, das niemals verschwindet, sondern nur überlagert wird. Der höheren Ordnung Zeichen und Symbole sind überall und jederzeit anzutreffen. Sie

---

83 A.a.O., S. 40.
84 A.a.O., S. 70.

sind nicht an Gottesdienste, Yogastunden, Sitzungs- oder Séancezeiten gebunden, sie finden sich in der Natur, in der U-Bahn, beim Spaziergang durch eine nächtliche Großstadt – sie wollen nur erkannt sein. Gelingt ihm dies, verleihen sie dem Waldgänger jene Macht, Sicherheit und Ruhe, die notwendig sind, um sich den Machenschaften des leviathanischen Gewölks zu entziehen: »Die Fahrt wird ihr Bedrohliches verlieren, wenn er sich seiner Götterkraft besinnt.«[85]

Eine der größten Herausforderungen, vor die sich der Waldgänger gestellt sieht, besteht darin, sich gleichzeitig im Wald wie auch im Hochgeschwindigkeitszug des zivilisatorischen Prozesses aufzuhalten. Selbst wenn das bedeutet, geradewegs mit in die Katastrophe zu steuern, kann und will er nicht völlig aussteigen. Außerhalb herrschen Faustrecht, Anarchie und Kannibalismus, da wäre sein Untergang sinn- und zwecklos.

Darum ist er bemüht, der »neuen Konzeption der Macht« eine »Konzeption der Freiheit« entgegenzustellen, »die nichts zu schaffen haben kann mit den verblaßten Begriffen, die sich heute an dieses Wort knüpfen.«[86] Dabei weiß er sehr wohl, daß er abzuwägen hat, daß die Freiheit ihr Verhältnis zum Notwendigen immer wieder aufs neue klären muß. Denn »erst wenn sie zu ihm in Relation tritt, stellt sich die neue Verfassung dar. [...] Die Freiheit ist [...] unsterblich, wenngleich sich immer in die Zeitgewänder einkleidend. Dazu kommt, daß sie stets von neuem erworben werden muß. Ererbte Freiheit muß behauptet werden in den

---

85 A.a.O., S. 39.
86 A.a.O., S. 28.

Formen, wie sie die Begegnung mit dem historisch Notwendigen prägt.«[87]

Dies immer im Blick, ordnet sich der Waldgänger neu. Er macht sich frei von den herrschenden Denkweisen, Regeln, Vorschriften, Tabus, Ge- und Verboten; Einordnungen und Kategorien wie rechts, links, konservativ, progressiv, gläubig, atheistisch, national, international oder global haben keine Bedeutung mehr. Nichts davon hilft ihm weiter. Damit verhält es sich außerhalb des leviathanischen Konsenses wie mit den Sternbildern der Tierkreiszeichen. Von der Erde aus eindeutig zu identifizieren, lösen sie sich beim Verlassen des Planeten unweigerlich auf. Er sucht statt dessen nach eigenen Erkenntnissen, aufgrund deren er im Hier und Jetzt, von Situation zu Situation autonom und unbeeindruckt von irgendwelchen niederen moralischen Automatismen entscheidet, was richtig und falsch ist. Um dahin zu gelangen, begibt sich der Waldgänger auf Pfade, die er sich erst noch bahnen muß. Lediglich die Richtung ist klar: genau entgegengesetzt zum Zug der Zeit, immer tiefer hinab gen Ursprung.

Doch ganz egal, zu welchen Einsichten und Resultaten der Waldgänger bei seinen Streifzügen jenseits der digitalisierten Apparatewelt auch gelangt – an oberster Stelle steht für ihn stets die Sittlichkeit. Nichts liegt ihm ferner als Arroganz, Ignoranz oder kalter Elitarismus. Tatsächlich ist es genau andersherum. Gerade der Waldgänger ist auf der Suche nach dem Menschsein, nach

---

87 A.a.O., S. 46f.

der Größe und Herrlichkeit des Weltganzen, in das jede menschliche Existenz eingebettet ist und zu dem sie im Verhältnis steht. Das macht demütig. Man kann sich daher »nicht darauf beschränken, im obersten Stockwerk das Wahre und das Gute zu erkennen, während im Keller den Mitmenschen die Haut abgezogen wird.«[88]

Daran zu erinnern ist um so notwendiger angesichts der verbreiteten Humanitätsschauspielereien, in denen leviathanischerseits die Ertrunkenen mit der richtigen Hautfarbe und Herkunft betrauert, die Versklavten, Gemarterten und Geköpften mit der falschen Religion aber beschwiegen werden. Während die, die sich über diese Art der Wahrnehmung empören, gleichzeitig dasselbe tun, nur mit umgekehrten Vorzeichen. Der freie Einzelne macht sich mit so einem ideologischen »Bodycount« nicht gemein. Er selektiert Opfer nicht zum Zwecke politischer Instrumentalisierung.

Ein weiterer wichtiger Schritt, um im Wald voranzukommen, besteht in der Befreiung von jener Furcht, »an die der Mensch wie Prometheus an den Kaukasus geschmiedet ist.«[89] Indem dem Waldgänger dies gelingt, überwindet er die leviathanischen Angstkulissen und entzieht sich konsensualer Umklammerung, Formung und Lenkung. Das Hauptinstrument der Menschen- und Gesellschaftsingenieure bleibt ihm gegenüber stumpf. Um so mehr, je weiter er bei der Suche nach der Begegnung mit seinem Selbst und Sein in der Zeit vorankommt. »Macht und Gesundheit sind beim Furchtlosen.«[90]

---

88 A.a.O., S. 38.
89 A.a.O., S. 53.
90 A.a.O., S. 35.

Um das zu erreichen, muß der freie Einzelne lernen, die
Furcht von der Gefährdung zu unterscheiden und vonein-
ander zu trennen. Dabei sollte es Vorrang haben, zuerst die
Angst zu identifizieren und sich ihr anschließend zu stellen.
So kann das persönliche Verhalten entsprechend der Nähe
und Größe der Gefahr angepaßt werden. Dagegen der Beseitigung der Bedrohung den Primat einzuräumen, trägt
nicht zur Lösung bei. Gefährlicher, vielleicht sogar grau-
samer als der Gefürchtete sein zu wollen, das vervielfacht
im Gegenteil nur Angst und Panik. Außerdem erhöht sich
die Wahrscheinlichkeit der Katastrophe, da die Mittel, die
eigentlich gedacht sind, um diese abzuwehren, sie irgendwann anziehen. Insofern gilt: »Die Furcht kann [...] durch
Rüstungen nicht vermindert werden.«[91]

Weil er das weiß, sucht derjenige, der sich zum Gang entschlossen hat, statt dessen das Zwiegespräch mit der Angst.
»Die Furcht [wird] immer der große Partner im Dialoge
bleiben, wenn der Mensch mit sich zu Rate geht. Sie strebt
dabei zum Monologe, und erst in dieser Rolle behält sie das
letzte Wort. Wird sie aber in den Dialog zurückverwiesen,
dann kann der Mensch mitsprechen. Damit fällt auch die
Einbildung, umstellt zu sein.«[92] Dann tun sich Aus- und
Fluchtwege auf, ist es vorbei mit der propagierten Alternativlosigkeit, gibt es wieder die Möglichkeit zur freien Entscheidung und damit wieder ein Schicksal.

Dabei verliert der Waldgänger die Katastrophe sowie die
Art und Weise, wie er darin verwickelt werden kann, nicht

---

91 A.a.O., S. 45.
92 A.a.O., S. 36.

aus dem Blick. Ganz im Gegenteil ist er sich darüber im klaren: Wenn »man sich berät, so ist es gut, daß es hart am Abgrunde geschieht.«[93] Zumal in einer Zeit, in der die Einschläge näher kommen, ganz real, nicht nur im übertragenen Sinne.

Der Waldgänger jedoch bleibt optimistisch. Und deshalb nimmt er die Verwerfungen und Bedrohungen als Herausforderungen. »Die Katastrophen prüfen, in welchem Maße Menschen und Völker noch original gegründet sind. Ob wenigstens noch ein Wurzelstrang unmittelbar das Erdreich aufschließt – daran hängen Gesundheit und Lebensaussicht jenseits der Zivilisation und ihrer Versicherung.«[94] Außerdem ist die Auseinandersetzung mit der Katastrophe »ein geistiges Exerzitium. Wenn wir es recht angreifen, wird die Furcht verringert werden, und darin liegt der erste, bedeutende Schritt zur Sicherheit. Die Wirkung ist nicht nur persönlich heilsam, sondern auch verhütend, denn in dem gleichen Maße, in dem sich in den Einzelnen die Furcht verringert, nimmt die Wahrscheinlichkeit der Katastrophe ab.«[95]

Die Gelassenheit des Waldgängers fußt auf Hölderlins Feststellung, nach der dort, wo Gefahr ist, auch das Rettende wächst. Zudem weiß er um seine Unsterblichkeit, um das ewige Leben, das er wie jeder andere in sich trägt. Im Wald ist er des ewigen Reichtums des Zeit- und Weltenlaufs ansichtig geworden, und das kann ihm niemand mehr nehmen. Dazu braucht er noch nicht einmal bis in die Göt-

---

93 A.a.O., S. 41.
94 A.a.O., S. 29.
95 A.a.O., S. 41.

terwelt vorzustoßen, es genügt bereits der Abstieg in der
Menschheitsgeschichte. Das allein wappnet ihn schon für
das Kommende.

Allerdings macht die Eroberung innerer Reiche den
freien Einzelnen noch nicht zum Waldgänger. Vielmehr
muß er zudem noch über den Mut und den Willen ver-
fügen, es mit dem aktiven Nihilismus aufzunehmen. Obwohl der freie Einzelne nicht per se auf Konfrontation mit
den Mächtigen aus ist. Er ist kein aktivistischer Missionar,
der die Welt an seinem Wesen genesen lassen will, sondern
im Gegenteil von prinzipiell defensivem Charakter. Allerdings ist er auch jemand, der »die Gefahr der Knecht-
schaft vorzieht«[96] und bereit ist, sich, sobald nötig, gegen
die Machenschaften des Neuen Menschen zur Wehr zu
setzen – selbst wenn das seinen Untergang bedeutet. Den
nimmt er in Kauf.

Der Konflikt mit den Herrschenden kommt daher über
den freien Einzelnen, wie er einst über Wilhelm Tell kam.
Der »geriet wider seinen Willen in den Konflikt. Dann aber
erwies er sich als Waldgänger, als freier Einzelner.«[97]

Nichtsdestotrotz ist der Waldgang neben vielem anderen
auch ein Akt der Subversion. Der Waldgänger muß dafür
noch nicht einmal etwas unternehmen. Seine bloße Existenz
reicht aus. Denn er ist einer, »der bei einer Friedenswahl mit
Nein stimmt« und von dem »unter allen Umständen Widerstand zu erwarten sein [wird], und dann besonders, wenn
der Gewalthaber in Schwierigkeit gerät.«[98] So einen können

---

96 A.a.O., S. 39.
97 A.a.O., S. 74.
98 A.a.O., S. 23.

die leviathanischen Eliten nicht dulden. Um so weniger, je totaler die Vereinnahmungsbestrebungen.

Die besondere Gefahr, die von einem Waldgänger ausgeht, besteht zum einen in der Konsequenz, mit der sich dieser abwendet und in eine andere, höhere Ordnung begibt; zum anderen in der Wirkung, die von seiner unbedingten Prinzipientreue ausgeht. Illoyal bis zur Rebellion, kann er nicht gezwungen, geblendet oder mitgerissen werden. Das strahlt aus. Sein einzelnes Nein, aus tiefer Überzeugung geboren, wiegt selbst unausgesprochen schwerer als dutzendfache Gefälligkeitszustimmung. »Auch wo sie [die Waldgänger; P. A.] schweigen, wird immer, wie über unsichtbaren Klippen, Bewegung um sie sein. An ihnen erweist sich, daß eine Übermacht, auch wo sie historisch verändert, nicht Recht schaffen kann.«[99] Dem aber nicht genug, kann »mit einer winzigen Minderheit [...] die Erlegung des gewaltigen, doch plumpen Kolosses möglich sein.«[100]

Daß es sich dabei um keine Übertreibung handelt, zeigen Pegida und die Reaktionen des leviathanischen Gewölks darauf.

Obwohl es sich bei den Patriotischen Europäern um keine Wald-, sondern eher um Spaziergänger handelt, hat deren Gesprächsverweigerung den Neuen Menschen ins Mark getroffen. Mit allem hat er gerechnet, auf alles war und ist er vorbereitet, nur auf das Schweigen nicht. Um so weniger, als er wie keiner seiner Vorgänger auf Kommunikation ange-

---

99 A.a.O., S. 22.
100 A.a.O., S. 86.

wiesen ist. Ihm diese zu verweigern hat seine größte Schwäche freigelegt.

Dementsprechend unverhältnismäßig die Reaktionen auf die Spaziergänger. Vom Bundespräsidenten abwärts wurde und wird auf allen Ebenen gegen die geistigen Republikflüchtlinge mobil gemacht. Hinter den Zinnen des antifaschistischen Schutzwalls finden die leviathanischen Eliten zusammen. Staatliche Würdenträger stehen genauso bereit wie autonome Gewalttäter, Arbeitgeber, Gewerkschaften, Medien, Parteien, Verbände und der Kultur- und Hochschulbetrieb, ihren Umerziehungsauftrag an den schweigenden Nonkonformen öffentlichkeitswirksam zu exekutieren. »Sag, wie hältst du es mit Pegida?« – ist zur Gretchenfrage der Berliner Republik geworden. Sie polarisiert, emotionalisiert und radikalisiert nicht nur die Öffentlichkeit; an ihr zerbrechen Freundschaften und Beziehungen; es kommt ihretwegen zu Anfeindungen und Beschimpfungen, zu Diffamierungen, Diskriminierungen und gewalttätigen Übergriffen. Die Gesellschaft der Berliner Republik taumelt darüber der Spaltung entgegen, nicht nur in zwei, sondern in viele verschiedene Teile – und das alles nur, weil ein paar tausend Menschen schweigend durch Dresden spaziert sind. Mehr ist ja eigentlich nicht passiert.

Und doch ist allerhand mehr passiert. Die Reaktionen des leviathanischen Gewölks werden zum Menetekel. Erst recht für den Waldgänger. Er hat eine Ahnung davon erhalten, womit er zu rechnen hat, sobald er als Befreiungskämpfer in eigener Sache dem Neuen Menschen entgegentritt.

Jedoch weiß er, worauf er sich einläßt. »Im Maße nämlich, in dem die kollektiven Mächte Raum gewinnen, wird der Einzelne aus den alten, gewachsenen Verbänden herausgesondert und steht für sich allein. Er wird nun der Gegenspieler des Leviathans, ja sein Bezwinger, sein Bändiger.«[101] Und als solcher ist er sich darüber im klaren, daß er von der Gegenseite weder Pardon noch Neutralität erwarten kann, noch nicht einmal, daß der Neue Mensch seine Argumente und Haltungen gelten läßt. Und je nachdem, mit wem sich der Widerständige bei seinem Gang angelegt hat, so ist er sich ebenfalls darüber im klaren, »daß, was ihn betrifft, die Todesstrafe nicht aufgehoben wird.«[102]

Das sind sicherlich keine attraktiven Aussichten. Allerdings ist das nur die eine Seite. Auf der anderen sind freiwillige Selbstausschließung und soziale Ächtung nicht umsonst. Ganz und gar nicht. Im Ausbruch aus dem leviathanischen Gedankengefängnis zum Ursprung hin liegt vielmehr Selbstbefreiung. Sie ist der Lohn für all die Mühen, Ächtungen und Ärgernisse.

Dafür muß der freie Einzelne noch nicht einmal bis ins Sagenhafte, Mythische oder Numinose hinabsteigen, es reicht die Menschheitsgeschichte, um seinen Blick auf die Gegenwart von Grund auf zu ändern. Plötzlich werden Strukturen sichtbar. Beispielsweise jene gesellschaftlichen Probleme und Herausforderungen, die sich wie Spiralen durch den Weltenlauf winden und im Abstand von Generationen immer mal wieder, nur in unterschiedlichen Gewändern, akut werden. Oder die Erkenntnis reift, daß jeder zivilisatorische Fortschritt eine ganz spezifische gesellschaftliche

---

101 A.a.O., S. 36.
102 A.a.O., S. 68.

Organisationsform mit sich bringt, die nicht vorhersehbar und deshalb auch nicht planbar ist. Oder es ist die Eigenart der Geschichte, zu entdecken, gerade in besonders heiklen Momenten die Geschicke der Menschheit in die Hände von substanzlosen Zufallsnamen zu legen, die überfordert und geistlos, dafür aber um so zielsicherer in die nächste Katastrophe schlafwandeln. Und nicht zu vergessen, all die soziopathischen Irrlehren und Welterlösungsphantasien, die aktiven Nihilismen, an denen der Waldgänger auf seinem Weg vorbeikommt und die ihm Trost spenden im Wissen um eine Zeit danach.

Die Kenntnis der Geschichte befreit. Sie versetzt den freien Einzelnen in den Stand, eben jenen, scheinbar unmöglichen Schritt nach hinten zu treten und die Situation zu übersehen beziehungsweise in den Weltenlauf einzuordnen. Dazu muß er lesen, lernen und sich für Dinge öffnen, zu denen er vorher keinen Zugang hatte. Gelingt ihm dies, wird er erkennen, um was es sich beim aktuellen leviathanischen Gewölk und dessen Neuen Menschen in Wirklichkeit handelt: um Schaum der Zeit.

Tatsächlich ist es nicht mehr. Die Phantasie vom Menschen als gleiches, gut-meinendes, identitäts-, traditions- und geschlechtsloses Neutrum, die Lehren von Entgrenzung, Nivellierung und Einebnung zum eigenen Wohle, die Toleranzaufmärsche, Facebook-Geschlechter und die Absage an die Biologie, der Veganismus, One-world-Gedanke und der neue, vielfach grundierte Erbschuldkult – das alles ist nicht mehr als Blasenbildung auf einer mehr denn je aufgewühlten Zeit. Dementsprechend ihr historisches Gewicht. Sie haben keins.

Sobald derjenige, der in den Wald aufgebrochen ist, dies erkennt, beginnt die Selbstbefreiung. Er versteht nun zu unterscheiden. Zwischen der Geschichte und ihrem hohlblasigen Auswurf, zwischen der Neuauflage eines vierzehnhundertjährigen Konfliktes und dem naiven leviathanischen Ein-Gott-Disneyland, zwischen Gendermainstreaming und der zunehmenden Verschmelzung von Mensch, Maschine und Netz, zwischen Völkerwanderung und Willkommenskultur.

Die Zukunft wird zeigen, wie und wohin sich die Dinge entwickeln werden, ob der Mensch sich daran anzupassen vermag oder ob es ihn überfordert, sein Menschsein im digital-revolutionären Kontext nicht nur zu denken, sondern letztlich fortzuentwickeln; ob sich der Schaum der Zeit in Blutschaum verwandeln wird oder ob die Geschichte ihn vorher verschluckt. Darauf weiß auch Ernst Jünger keine Antwort.

Mit dem *Waldgang* jedoch hinterläßt er eine Anleitung, anhand deren der freie Einzelne allen Vereinnahmungs- und Einebnungsversuchen zu widerstehen vermag. Radikaler Individualismus ist seine Antwort auf den Einheitsmenschen, unabhängig von Zeit und Couleur. »Nichts geht über mich« statt »Du bist nichts, die Menschheit alles«. Die Freiheit ist die tödliche Krankheit, an dem jede, auch die gegenwärtige Totalvereinnahmung zwangsläufig zugrunde gehen muß. Ihr Ort ist der Wald.